京都力揭秘

京都力
人を魅了する力の正体

京都評論專家
柏井壽 著

前言

孕育出京都無敵魅力的，究竟是什麼力？

年號從「平成」走進「令和」，但對京都而言，熟悉的一切並無任何改變。她依舊春風得意看著街頭熙攘人群，歌頌著屬於自己的繁華盛世。似乎一點都沒料到致命的寒冬在不久後迎面撲來。

那段時間，我因執筆小說，多數時間閉關於京都車站或四條烏丸一帶旅店。儘管如此，我仍不時看到眾多造訪京都的觀光客，尤其是來自國外的旅客。其人數之多，令我驚訝不已。

旅店裡自不待言。出現在大街上或餐廳裡的，也絕大多數都是慕名而來的遊客。

京都這座城市，對旅人而言，確實有著無敵魅力。比起其他地方，京都街頭看得到這麼多外國觀光客，想必也是理所當然吧。長久以來，我也一直努力將這股魅力介紹給大眾，替京都幫高調。

雖說已寫了數本以京都為題材的書，但直到現在才想要正面迎戰「為何京都能令人如此流連忘返？」這大哉問。對於她那不可擋的無敵魅力，除了屢屢感到不可思議外，我也想嘗試探究這股力量的本質。這也是本書寫作動機。

過程中，京都遭遇致命打擊。毋須多言，想必大家都知道就是新冠疫情及隔離禁令吧。

這時期務求杜絕不必要的出遊，於是往來京都街頭的觀光客也應聲消失。壟罩京都的冷清可不是短期現象，而是超過了一年以上的慘淡。

長久以來，京都作為旅遊城市而迎來了屬於她的繁榮與熱鬧。所以這打擊實在太沉重，不禁令人擔心未來是否只能一路消沉下去。時值令和二年尾聲，但這樣的感嘆與擔憂卻是與日俱增。

當幾乎所有人都不看好京都的未來而憂心忡忡時，我卻突然想到：「對啦，人家京都又不是沒見過大風大浪！這種程度的打擊，又不是頭一遭！」

在很長一段時間裡，首都京都一直是日本的政治中心，屢屢成為權力鬥爭舞台，也因此蒙受多次戰火摧殘。另外，由於在此生息的人口眾多，民居櫛次鱗比，自古動輒就是祝融肆虐或疫病蔓延啊。

儘管如此，京都卻仍能自豪地綻放出屬於她的繁榮昌盛，迄今不已。這一切，都得歸功於她與生俱來，或說是歷經千錘百鍊而得之一股力量，一股堪稱不屈不撓之力。

無數次遭逢天災人禍，又無數次戰而勝之，宛若不死鳥般浴火重生，這就是京都。而蘊藏在她深處的那股力量，我想，就稱之為「京都力」吧。

讓我們再思考一次：「為何京都能令人如此流連忘返？」

從歷史上幾乎燒光了整個京都的「天明大火」、令京都無法再堪稱天子腳下的「東京遷都」等事件當作思考的切入點，我將思緒拉到她是如何安度無數危機，以及她應該如何克服這波新冠疫情的考驗。各種思緒在我腦海中不斷碰撞，直到答案越來越清晰。

新冠疫情趨緩後，想必又有很多遊客會再度造訪京都，京都街頭肯定也會像什麼事都沒發生過那般重拾往日熱鬧景象吧。屆時，眼前所見光景將讓各位心神領會我所謂「京都力」究竟為何。除了期待那天早日到來，若各位能順著本書內容，咀嚼一下我為各位觀察捕捉的這神奇力量，那將是我的榮幸。

目次

前言 3
第一章　京都的品牌力——從虛像中建構出的城市之強大 13
為何人們會戀上京都？從新冠疫情肆虐前的繁榮昌盛說起 14
原本錦市場的存在並非為了觀光攬客 17
從沒有京都人的京都街頭，演變成連個人也沒有 20
只堪稱印象中的平安京了——有些事物在京都已蕩然無存 23
贏家通吃的京都 27
為什麼很多京都的店家都選擇在週二及週三公休？ 30
京都話 33
「歡迎光臨（おいでやす）」與「歡迎大駕光臨（おこしやす）」 35
但若是在語尾加上「な」…… 37

第二章　陰險的本質——嘴巴壞的京女，心眼壞的京男 41

京都人就是壞上加壞惹人厭？ 42
「真是隻好錶」 43
京女＝「陰險」？ 48
舞妓正是京女的理想典型 49
京都的一般女性是什麼樣的人呢？ 52
京男才是真正的「陰險」 53
京都府民性格中的「陰險」 55
京都的茶泡飯傳說 57
京都的喝茶傳說 62
瞧不起關西人的京都人 65
對京都的私人恩怨 66
謝絕生客的本質 70
京都人懂得善用「陰險」的既定印象 74

第三章　京都的形象力——完全靠形象打造的京都　77

1.　京都的跟風力　78

京都的超人氣雞蛋料理　80

從厚燒蛋三明治，進化到高湯玉子燒三明治　84

抹茶甜點何以人氣紅不讓？　86

舞妓變身與相機店　89

以「〇代目」做店名　92

人氣強強滾的鯖壽司——因「鯖街道」一炮而紅的美食物語　94

從反彈到搭順風車　米其林指南的來龍去脈　99

紅磚瓦也是京都著名景色　103

2.　京都的擬態力——外地人帶來的經濟效果　107

「外地人（よそさん）」　107

真正的「外地人」懂得彰顯自己出身　109

不是衣錦還鄉，而是衣錦來京 114
外地人來京「開廟」 116
定位擬態——超難預約的食堂 121
3. 京都的先見力——新冠疫情肆虐下仍能光芒四射 123
外送乃京都強項 百年前的 Ubereats 123
為何京都沒有「不夜城（夜の街）」？ 128
夜間點燈的功與過 132
「微旅行」與「我去那裡走一趟」 136

第四章 京都的美食力——為何京都美食天下無敵 141

1. 京都的招牌力 142
正統的京都貨才不會出現「京」字 142

2. 催生出京都美食的力量 **146**
專程派卡車從京都載水到東京的分店 146
自來水也沒問題 149
因為有京都人的嚴格，才淬礪出京都料理人的精湛 152
帶來負面效果的外地食客 157
新冠疫情讓京都美食力更上一層樓 161
說起京都的「綜合生魚片拼盤」 163
不知不覺間，京都名物開始從商業午餐發跡 166
為經濟帶來正面效果的「京都居民」 170
京都人不可能對餐具沒興趣 173
新冠疫情造就餃子專賣店的出頭天 179

第五章　京都的消災解禍力與復興力 **183**
驕京必敗 184

平安京的抗疫，從神泉苑開始 187
祈雨對決——空海 vs. 守敏 189
祇園祭原是除厄祈願之祭典 193
借力使力，以抗瘟疫——手水舍誕生始末 196
暗藏危機的「花手水」 199
京都的消災解禍力，源自「避鬼門」 200
消災解禍力，連結了繁榮力 203
京都人的「懷疑力」 206
「御土居」這道牆 210
京都的復原力——天明大火後的迅速復興 214
當「京」不再是「都」 217

第一章　京都的品牌力——從虛像中建構出的城市之強大

為何人們會戀上京都？從新冠疫情肆虐前的繁榮昌盛說起

為何京都這城市擁有無敵魅力，能讓無數人不可自拔地戀上她呢？

由於新型冠狀病毒影響，政府發布緊急事態宣言，以至於現在光景與我們所熟悉的相差十萬八千里。但在那之前，京都的日常，就是人聲鼎沸，熱鬧無比。

每天的京都車站盡是人山人海，車站附近接二連三地興建著旅館飯店，每天都跟過節一樣熱鬧。外國人數量遠比日本人多。車站大廳隨處都聽得到各種外國話。

為什麼會有這麼多人來到京都？他們為何而來？在這稱不上大的京都市內，他們都在哪個角落裡忙些什麼？京都在地人總覺得這一切真是太難理解了。不過，家鄉因此而不斷繁榮進步，也沒什麼不好。於是，偶爾用眼睛餘光偷偷瞄一下就好，京都人原則上繼續擺出一副再正常不過的表情與之共存。

京都啊，這座城市本身就是一個品牌啊！正是這個品牌，才能不斷引誘著心之所向的旅人們素履以往吧。

然而品牌這東西，正因存在著某種程度的稀有性，才使人心嚮往之吧。若是唾手可得，則價值必然有所減損。

曾經，京都這座城市也和坐落於巴黎或羅馬的高級精品店一樣，用一張不帶感情的臉隔出她與庶民大眾間的距離，讓人望之卻步。

人們小心翼翼地徘徊於外窺伺其中，心裡嘀咕著該不該闖進去。好不容易鼓起勇氣一腳踩進，立刻被一股不自在的感覺襲滿全身。

這道窄門使得凡夫俗子望之卻步。而京都的品牌力正是建立在這樣的基礎上。然而，觀光客人數激增的同時，京都的品牌力卻也逐漸失去原本耀人的光彩。來訪者不再心有忌憚，而是大剌剌地登門入室。

公部門與民間長時間、同心協力、充滿熱忱發展觀光吸引旅客，現在終於開花結果。為了精進觀光產業發達，京都市火力全開，到處興建觀光旅館。整座城市不論是哪兒，只要存在空地或閒置大樓，都會化身為旅店。京都也變成一座充斥觀光旅店的城市。

這樣還不夠。許多京町家也以民宿之名化身為較便宜的宿泊設施，出現在市街許多角落。如此一來，更衝高了來訪遊客人數。以至於演變成街上行人十之八九並非在地人的奇妙景象。

若是搭乘京都市地下鐵或市營巴士等公共交通工具，會發現大約七成左右是觀光客。這光景從令和元年秋天一直持續到令和二年新年期間，也就是新冠疫情爆發前夕。

若無新冠疫情干擾，這光景持續到堪稱京都旅遊季節的高峰——櫻花季來臨時，會變得如何呢？想必是充斥著無法想像的人潮與混亂，使得絕大多數京都市民聞之色變吧。

現在隨處可聞「觀光公害」這麼一句話。想想，會有這句話也是理所當然，造訪觀光客實在太多，在地人總覺得自己的生活飽受威脅呀。

容我舉個例子。

搭乘市營巴士206號，可暢遊京都市內以「清水寺」為首的許多著名景點，非常方便。206號巴士繞行市內的幾條「大路」，以京都車站為起點循環運行，其路線行經「京都市第一紅十字醫院」與「京都大學醫院」兩座京都市內具有代表性的大醫院。

會來這兩間醫院就診的病患肯定不少，而他們幾乎毫無例外都是搭乘206號巴士前來。

對這些病患與當地民眾而言，巴士上那些攜帶大件行李的觀光客，實在就是障礙。豈止如此，有時當地居民在巴士站等了許久，卻只能目送一台台客滿的巴士過站不停。諸如此類的嚴重事態時有所聞。

曾經，日本有那個呼籲人民增產報國（産めよ増やせよ）的時代。宛若是要仿效那時的宣傳口號似地，京都也一直流傳著「招客來喔！賺大錢喔！」（来させよ増やせよ）這樣的呼籲。但其招來的副作用，約在平成到令和的交替時點出現。

京都是一個許多在地產業已告沒落的城市，尤以傳統產業為然，所以對她而言，觀光產業作為一大支柱，扮演著財政收入上相當重要的角色。在全日本各地商店街常可見到，一大堆鐵捲門永遠拉下的蕭條場景，在京都市中心的商店街卻是鮮少出現。非但不容易見到，慕錦市場之名而來的旅客實在有夠多。加上通道狹窄，致使人們摩肩接踵，寸步難行。如此混雜的熱鬧場景，大概也只能上演在京都這座觀光城市裡吧。

原本錦市場的存在並非為了觀光攬客

對京都在地人而言，採買優質食材必去的，素有「京都廚房」之稱的這座市場，不知何時悄然變身為觀光市場了。

觀光客特意來京都逛市場?乍看之下，這說法有點滑稽。但若搭上了「即席食堂」這話題，則另當別論。

錦市場與一般住家附近市場可不是同一個等級!自孩提時代以來，錦市場對我而言，就一直是個特別的存在。雖說專業人士前來購買食材才是這裡上演的主旋律，但一般客人有時也會願意在此多花些銀子，買些好東西。當年我陪母親出門購物時，一聽到要去錦市場，總會不自覺緊張起來。因為走一走突然發愣，在人家店門口停留的話，都會被店家粗魯地喝斥驅趕。因此走在錦市場的通道時，總需多點注意，切莫讓自己妨礙店家做生意。

記憶中那個令人緊張的錦市場，如今卻變成容許邊走邊吃的購物專區，從「京都人的廚房」變身為「亞洲遊客最愛的市場」，真是作夢都想不到。

在公共場所站著吃東西，對長年久居京都的在地人而言，可真是想都不敢想的事。然而在錦市場，卻已不知不覺成為再自然不過的光景了。

仔細推敲，或許我們還是能預測到早晚會有這一天，我之所以這麼說，是因為錦市場並不是為了觀光攬客而開設。

就如我前面提到的，錦市場從一開始，就是以「方便專業料理人調度食材」而打響知名度，因此鱗比節次的盡是與旅人無緣的專門店。

對旅人而言，一定不會想花大錢買條捕獲自明石港的天然鯛當作伴手禮。不論京野菜怎麼出名，買來只是徒增行李箱重量，徒增旅途上的負擔罷了。所以，頂多就是參觀一下所謂的「全天下最有名的錦市場」，並拍個到此一遊照就差不多了，會想在這裡花錢買東西的旅客，真的少之又少。

面對這般窘境，靈機一動想出賺錢妙計的，是賣熟食的小舖。他們首先努力讓遊客願意停下來試吃，主打訴求是用牙籤就能品嘗俗稱「御番菜」的京都家常菜，這廣受觀光客歡迎。只可惜光是試吃終究掙不了錢，所以很快地，店家將其商品化，並拓展種類與數量。熟食鋪以外其他店家，也有樣學樣。

竹籤串章魚或天婦羅，不論嚼的是什麼，邊走邊吃成為造訪錦市場時一大享受。不知不覺，連旅遊節目也開始以此為錦市場特色而大肆介紹。

但這麼一來，京都在地人只能逐漸將錦市場從生活中抽離，以至於現在流連於錦市場的，盡是觀光客。

終於，忍耐很久的京都市民決定不忍了。從被喻為「市民之腳」的京都市營巴士相關亂象，到「京都廚房」不再屬於京都人等等，他們將這一切稱為觀光公害，並大聲對此亂象說NO！「觀光客超載」這樣一句話開始流傳。就連旅遊業者間也開始出現這樣的聲音：「觀光客數量要適可而止，不能再沒完沒了地招客了。」

地方政府素來將經濟發展視為第一要務，一直是積極招攬觀光客，但對這些日趨嚴重的問題也知道不能放任不管，所以開始思考該如何控制。這是令和元年結束，即將邁向令和二年時的事。

然而，觀光熱潮一旦始動，又豈能輕易停止。令和二年夏天，正值舉國上下全力以赴的一大體育盛事—東京奧運預定舉辦。屆時，呈現經濟效益的財報數字若不理想，反對觀光產業降溫的那批人肯定無法視若無睹。看來，觀光熱潮不但看不到消停的跡象，反而可以預言將會日益興旺。

從沒有京都人的京都街頭，演變成連個人也沒有

跨入令和二年，正值新年期間，梅花綻放時節。此時，意想不到的大事發生了。新冠肺炎蔓延全世界，瞬間，沒有人還顧得了觀光這檔事了。

後來的演變，就如各位所知悉的那樣。月曆都從令和二年翻到令和三年了，整

個京都卻還在放無薪假似的。

國外入境的旅客趨近於零，國內旅客也急遽減少，用鬼城來稱呼京都這座城市好像也不為過。當然這問題不只發生在京都，日本各地甚至全世界各大觀光景點，幾乎都看不到什麼遊客。

之前的花見小路及三年坂，都因人擠人而只能走走停停，但現在卻連個人影都看不到。這樣的光景，這幾年來可說是頭一遭。

時序由令和二年的春天跨入夏天，沒有人的街頭依舊冷清無比，成為大家見怪不怪的京都日常。好在，第二波新冠病毒大規模散播以來，疫情終於稍見消停，政府也實施了一系列名為「GoTo旅行」的振興方案。往日熱鬧景象，似乎一點一點回到熟悉的京都街頭。

若說京都就只吃旅遊這碗飯，應該不算誇張。這陣子的旅行禁令或旅客自發的在家隔離，確實重重地打了京都一拳。所以當政府推出旅遊振興方案，並搖旗吶喊呼籲大家增加消費，確實為京都注入一劑強心針。

特別是第三波疫情爆發前，楓紅最美的時節碰上十一月的三連休，終於催出比往年更多的遊客量，京都街頭出現久違的人潮及熱鬧景象。

排隊名店再度出現長長人龍，各種交通工具也是班班客滿。呼籲民眾避開密閉、密集、密接場合的「三密」肯定是做不到了，做得到的，大概只剩人與人之間的「過密」吧。

可惜這樣的復甦只是短暫現象，第三波疫情襲來後，稍見起色的京都再度打回原點。隆冬十二月，各地原訂舉辦的各種儀式祭典都停辦了，京都街頭再度由車水馬龍變成門可羅雀。

就連新年期間前往寺社的「初詣」（新年期間的初次參拜）這般大事，也因民眾在家自我隔離而受波及，往年因初詣而大排長龍的「伏見稻荷大社」也不例外，從車站開始一直延伸到鳥居的這條參道上，居然幾乎不見人影。

這樣下去，京都會變成什麼模樣呢？她能重拾全盛時期的繁華熱鬧嗎？這恐怕任誰都無法預測。然而，有件事我倒是很肯定。

那就是，京都這座城市，可是經歷過無數次打擊。但她最終都能重新站起來，恢復往日生機。

在一千兩百年歷史長河中，打擊京都的天災人禍可從沒少過。作為全日本權力中心，各家英雄在此一較長短，屢屢把京都在地人捲了進來。造成莫大犧牲及損失。

「完蛋了！京都沒救了！」這樣的念頭應該在京都人心中出現過好幾次吧。但是，每次打擊之後，迎來的卻都是京都浴火重生，無一次例外。造就這一切的，正是因長年處在天子腳下，進而孕育而出的諸多特質與智慧吧。

其中之一，便是她保留了傳承千年的某些事物，即便這些事物早已不見形體。

只堪稱印象中的平安京了——有些事物在京都已蕩然無存

「平安京的黃鶯，盡情啼叫吧！」

日本人對這句話應該都非常熟悉吧。為了讓學生能順利背出平安遷都的西元七九四年，遂利用諧音來抓住「七・九・四」[1]三個關鍵數字。

當然，遠比平安遷都還更古早前，日本列島便有人在此生息繁衍。然而，若要為今日我們所熟悉的日本文化向上追溯出個起點，大多數人會直覺認為是平安時代吧。

1 「啼叫吧」日文「鳴くよ」發音為「nakuyo」，剛好與「七、九、四」三個數字之守字發音相同。

當然，對日本這個國家而言，飛鳥時代與奈良時代也相當重要。但總是有種感覺，那幾個時代結束後，所有一切也就成了過去式。

若要問我為什麼有這種感覺，我想恐怕是因為只能透過古墳或歷史遺跡等殘存迄今的有形事物，方得與那些時代有所連結吧。

姑且使用西曆紀年分成公元前後來說。依我所見，公元七九四年，才是現代日本誕生的元年。

京都這座城市，才是日本文化誕生之地，並且是日本人心靈上的故鄉。

平安京是以當年中國長安城為模型而建造，當時的平安京，隨處可聽聞雅樂演奏，穿著華服的公卿貴族悠哉穿梭於平安京大道或小巷中。這，正是日本的原點啊。

對平安京的諸多印象，與今天的京都相重疊之處還真不少。可惜，我們已無法從今天的京都窺得當時平安京的風采，這是京都與奈良差異較大之處。

硬把京都與奈良拿來比較，可不是簡單的事。不過，若真要追究何者更加珍貴，我想答案也是很清楚的。就歷史價值而言，奈良勝過京都。就時間先後而言，飛鳥及奈良比平安時代更久遠。就遺跡稀少性而言，奈良也更勝一籌。

現在的奈良依舊能依稀看出當年平城京構造。與此相反，今天的京都已幾乎不見舊時平安京風采了。儘管如此，人們還是將今天的京都稱為平安京。

光從觀光地的人氣指數這一項而論，京都與奈良的差距就很明顯。雖說實際造訪旅遊人數每年不同，無法在數據上論個清楚，但去一趟書店的旅遊書專區探探究竟，差別便一目瞭然。這麼說不誇張，京都與奈良相關出版品大約呈現一百比一的懸殊比例。再繞去雜誌區看看特刊或專輯，會發現京都相關題材是一年就出好幾回，而奈良相關報導卻較不容易看得到。

前面也提到，不只是歷史價值而已，從整座城市的遺構原封不動地保留至今這個特點來論，奈良的可看性也是將京都遠遠拋在幾條街外。然而，就我自己而言，即便已多次造訪過京都，卻鮮少有意願將觸角順道延伸至奈良。這真是件神奇的事。

現在京都幾乎見不到平安時代遺跡，然而，奈良卻一直留存著不少高度歷史價值的建築物，而且都是從早於平安時代的飛鳥或奈良時代流傳迄今。所以照常理推，比起京都，這般悠久的奈良，應該才是旅人首選。但實際上卻恰恰相反。

當然造訪奈良的國內外觀光客都不算少，但與造訪京都的人數比一下，就會清楚發現兩者差了一大截。雖未實際數過，但從旅店客房數可知，京都一定是遙遙領先。另就餐廳及伴手禮專賣店數量而言，京都也比奈良多得多。

不只奈良，今日名為滋賀縣的近江也是如此。

近江好像動輒就被旅人遺漏到視線之外。事實上，近江也擁有不少代表日本傳統文化遺產，跟奈良可說是同等級的，特別是以渡岸寺觀音堂的十一面觀音像為代表的佛像文化中，近江也留下許多本地獨有的珍貴文化資產。

「京都若是舞台，近江便是幕後。」

這是對日本傳統文化有高深造詣的白洲正子女士所云的至理名言。

京都之所以能華麗之姿登上歷史舞台，正是因為近江在幕後提供了各種支援與協助之故。

容我仿效白洲女士也來說個一句，那便是：

「京都若是舞台，奈良便是樂屋（演員休息室）。」

不論主角或配角，演員們都在樂屋等待。他們穿好戲服，完成上妝，兩眼盯著舞台，等待粉墨登場。

雖說如此，奈良與近江一開始並不只是樂屋及幕後，事實上，他們原本也都是舞台上的萬眾矚目的主角。無形中，卻被出身幕後的後起之輩追上，最終被其取代。以下所述只是個人推論。對奈良及近江而言，離京都太近這一點其實很不利。一般都會選擇先造訪京都，行有餘力才考慮到奈良及近江觀光，這樣的規劃堪稱主流。

不論要去奈良或近江，搭乘京都市營地下鐵，都不必換車就能直達目的地。京都只有兩條地下鐵，其路線分別可通往奈良與近江。

從位於幾乎是整個京都市正中央的烏丸御池站，搭乘京都市營地下鐵烏丸線，前往奈良的急行列車，能讓旅客在一小時內到達近鐵奈良站。

若要去近江，時間更短，同樣從烏丸御池站搭乘地下鐵東西線，花不到30分鐘就可到達位於近江入口的琵琶湖濱大津站。

贏家通吃的京都

從京都前往奈良與近江十分便利，卻沒什麼人會特意在奈良與近江連住個幾天，畢竟，目的地原本就是京都呀！再說，想讓人願意多停留幾天，總要有些誘因。

要說誘因，京都可是多到數不清。

如此一來，兩者在經濟收益上，當然出現巨大落差。接下來的說法可能有些不入流，還請各位讀者海涵——若說京都可以靠觀光吃香喝辣，奈良恐怕就只能撿些殘湯剩飯吃。

奈良苦無對策，不甘一路吃癟，於是開始積極招攬觀光客，他們踏出的第一步，便是從旅宿設施出發。那種名實相符的觀光旅館，原本在奈良市內屈指可數，現在已開始逐一破土動工。

這些新蓋的觀光旅館各有特色，於是許多人開始篤定認為旅客將會捨棄京都轉而投宿奈良。但結果真會如大家預期的那樣嗎？

不幸，新冠疫情攪局，最終戰果還沒出爐。對奈良而言，「絕不容樂觀」的狀態應該還是會持續下去。

不論官方或民間，其實都搞錯了一點——他們認為是宿泊設施不足導致旅客意興闌珊。但其實不是，真正關鍵是，奈良欠缺讓人想住個一晚的魅力，所以在此投宿的意願較低落。

這可不是投宿於深山中僅有的一間旅宿，只圖個落腳休息而已。一般人花錢住旅館，當然包括想順便在周邊晃晃，附近街道溜搭一下這樣的願望。各位回想一下宿泊於溫泉街的經驗，就知道我在說什麼了。穿著浴衣出入，腳下木屐踩得嘎嘎作響，物色各家商店販賣的伴手禮，或享受同一溫泉區各家湯屋。這才是令人身心愉悅的一晚。

若旅宿周邊沒有這些設施，就只能整晚關在房裡，結果就是這樣的宿泊經驗所生的滿足感銳減。就此角度而言，奈良與近江完全不是京都的對手。

為何京都能持續稱霸，當個通吃的贏家呢？最重要的原因是，京都具備一種力量，能將一些抽象概念營造成具體事物，遊客必須透過感官去認識或體驗。

儘管這些具體事物未必真實存在，但那種來自於印象的力量，會讓人們產生一種想法：因為是在京都啊，所以應該找得到！在很多面向上，京都正是託了這股印象力之福，才得以享有長期繁榮昌盛，直至今天。

容我延伸一下。有時，看不見的東西帶給人們的恐懼感，遠勝於透過感官即可掌握的事物。正因為看不見，所以有時甚至會產生崇拜感。也正是人們的這種心理，以至於對京都常有過度正評。

新冠病毒不也是如此嗎？這種東西肉眼明明看不到，人們卻總是不自主地對其過度恐慌，過度反應。

為什麼很多京都的店家都選擇在週二及週三公休？

我曾讀過某新聞報導提及此現象，讀畢不禁莞爾。報導是這麼寫的：

除了餐廳之外，京都還有很多店家都選擇在週二或週三公休。之所以這樣，事出必有因，而且有些原因還與京都人的某些特質相關。

京都有許多神社，崇敬神明的習慣強過其他地方。火曜日（週二）的「火」（讀音ka）與水曜日（週三）的「水」（讀音mi）合起來正是「kami」，也就是神的讀音。亦即，週二週三是屬於神的日子，所以定為公休日。

同樣讀過這則報導的其他讀者，在評論區的留言也很有趣。

「原來如此。背後有這樣的原因啊。我算是徹徹底底地懂了。」

「不愧是京都。會想說讓神明也好好休息。」

「京都的神社之所以週二及週三較多人，原來是這個原因啊。」

還有不少，大多數都表現出讀完後恍然大悟的喜悅，其中絕大部分留言都不是京都人的。然而，我覺得多數京都人讀完這則報導後，應該會露出一副詫異的表情。

暫且不討論週三，將公休定在週二的店家根本很少！公休定在週三與週一的店家很多，但定在週二及週四的店家數量都是少數。

這些還算其次，最大問題點在於，刻意把火讀成「ka」，把水讀成「mi」，硬是牽強地湊成「kami」，好讓週二週三與神明產生關連。

相較其他地方，京都人較為熟悉陰陽五行思想，日常生活中，也有不少地方會講究陰陽五行與風水的應用。五行就是「木火土金水」，日文發音分別是「moku・ka・do・gon・sui」。太過細節的東西容我省略不談，但若把火讀成「ka」的話，水就得讀成「su」。換句話說，真要用五行來說明理由，那火曜日＋水曜日應該讀成「kasu」而非「kami」。

日常生活中常會遇見持上述看法的人，這些人跟有些老愛隔空點評京都事的人一樣。總之，全將他們所說的當作穿鑿附會無稽之談即可。

這裡附帶一提，之所以有不少京都市的餐廳選擇週三公休，其實是因為京都中央市場週三休市，次多的是選擇週一公休。這些店家由於週日營業所以週一補休息。這現象到處都很常見，絕非京都獨有。

京都人很清楚這些來龍去脈，所以當聽到有人說什麼週二週三公休是因為崇敬神明云云，就會知道盡是一些沒根據的說法。

儘管如此，多數人聽到那些似是而非的論點後，之所以會有恍然大悟之感，關鍵還是在於：「因為是在京都啊！」正因為是京都，所以店家選擇週二週三公休一定是有理由的。儘管這理由毫無根據。

而「正因為是在京都，所以一定有其理由」這樣的命題之所以有說服力，終歸還是因為那股看不見的印象力。在京都這座城市裡，非實存事物，也能讓人們覺得是存在的。

上述關於週二週三公休的說法，若發生在其他地方，應該不會成為人們感興趣的話題，也不會想深入探究吧。但發生在京都，就會被認為背後必定有其原因。即便只是偶發個案，但京都就是有股力量，讓人想絞盡腦汁想出背後的原因及關連性。

近幾年，這種情況還進一步升級，居然有人標榜已歸納出所謂京都法則，硬將那些牽強附會之說弄得更像一回事。

若問為何有人要這麼做，說到底不就是因為「想現一下」的心情嗎？

大阪我熟！神戶我熟！……說這些都不大能獲得他人欽羨的目光。但若敢說

「京都我熟！」，那絕對可以神氣到走路有風。要不然，又怎麼會有京都檢定這玩意兒呢？

京都話

京都之所以成為京都的諸多因素中，其中一項便是「京言葉」（京都話）。京都本身之所以能夠成為一個品牌，一個不可或缺的關鍵，便是京都味十足的說話方式。這是一塊京都的招牌，而且是一塊讓人用聽的招牌。

常有人把京都話稱為「京都弁」（京都方言）。其實在他這麼說的當下，就可認定他本人根本不懂什麼是京都話，因為京都方言與京都話有著本質上的不同。

古代京都存在著稱為「御所」（天皇所居之處）的地方。御所內所發展出宮廷女官的說話方式，正是今天我們熟知的京都話之原點。

稱作「〇〇弁」（〇〇方言）的，指的是僅流通於某地區的用語方式、重音及腔調，換句話說，就是某地區限定的說話方式。與此相反，京都話因為是通行於御所這般高貴的地方，所以不論對誰使用京都話都稱不上失禮。不僅如此，這種說話方式更體現了說話者企望雙方對話圓滿進行的心情。京都話就是當時日本的官方標準用語，放到今天來講，就是所謂的「標準語」（國語）。

其他國家應該也是這樣的作法，首都設在東京，所以東京當地說話方式就變成了標準語。而過去首都置於京都已達千年以上，故京都話在這麼長的時間裡即是日本這個國家的標準語。

關西弁一般被視為單一方言。事實上，京都、大阪、奈良、神戶、和歌山等地的說話方式都還是存在著微妙差異，這情形跟九州蠻像的。

但之後的發展可不只「御所言葉」（宮廷使用的說話方式）一枝獨秀。其他地方的說話方式也出現了各自獨特的變化，最終，稱作「〇〇弁」的各地方言正式登場，所謂的音調與重音是各地方言最明顯的特徵。

京都隔壁的大阪，原本說話方式跟京都話蠻像，堪稱華麗又柔軟。但經年累月演變，混入一些地方特色後，很多用字遣詞都讓人感覺到更有魄力。

所以，不是京都方言，而是京都話。若問我幹嘛這麼講究？我的回答是：京都話裡含有京都人的性格與思考方式。若能聽懂並區辨無礙，那京都也會變得容易理解多了。

「歡迎光臨（おいでやす）」與「歡迎大駕光臨（おこしやす）」

造訪京都的旅客們，最常聽到的京都話，當屬「歡迎光臨（おいでやす）」與「歡迎大家光臨（おこしやす）」了。這兩句話其實有很深的講究。而且，看似同義的兩句話其實存在著明顯的差異。

若用現在通行的標準語來說，「おいでやす」就是「歡迎光臨（ようこそおいでくださいました）」。而「おこしやす」就是「歡迎大駕光臨（ようこそおこしくださいました）」。

兩者都是歡迎光臨的意思，也都是非常有禮貌的說法。但嚴格說，後者會比前者更顯得禮貌一些，京都在地人可以很清楚區別兩者間差異。例如，推開料理店推門，伴隨喀拉喀拉響聲的，是老闆娘朗聲問候：

「おいでやす。」

這是沒有預約，隨意開門進店時聽到的版本。但若事先預約，並在約定時間進店，那聽到的版本就會變成：

「おこしやすぅ。ようこそぉ。」

第一個版本的「おいでやす」算得上是有禮貌的接客應對，但真要說的話，其禮貌僅停留在表層而已。反之，後一個版本卻是藏不住滿滿的歡迎之意，最能體現這點的，就是加了個小小的母音「ぅ」與「ぉ」。不是將字句遽然地一刀切開，而是透過附加小母音的方式（也就是日文中的長音，會比一般的音節多一拍），突顯話中餘韻。

「お～やす」是一種可以表達敬意的助動詞，可使用於各種場面。

坐在餐廳吧檯的位置，料理送至面前時，客人取筷雙手合十，說道：「いただきます（我開動囉）。」

這時，老闆娘的應答會是：「おあがりやすぅ（請慢用）。」甚或是更為禮貌的：「どうぞ、おあがりやしとぅくれやすぅ（請您慢用）。」

看到這裡應該知道，話拉得越長，越能表達出說話者的心意及熱情，這是京都話裡的一項重要特徵。

此外，在語尾附加小母音的方式，除了突顯話中的餘韻外，還能向聽話者表達更多的敬意與禮貌。

但若是在語尾加上「な」……

京都人從小就經常耳聞這種用語方式，以至於能自然地區別其語意上的異同及使用方法。

例如大清早，母親會跟準備上學的孩子們如此說道：

「おはようおかえり。」

這是「走慢點喔」這樣的招呼語。也有「願你早點平安無事地歸來」這樣的意思在。但若對象換成是老公，就換成說：

「おはようおかえりやす。」

可理解成更有禮貌些的「您請走慢點喔」。不過若跟老公的平素互動較親近沒太多講究，那就不大會在句尾加上小母音，反倒是加上個「な」。這樣語意會瞬間轉變成稍帶命令性質的口吻：

「はようおかえりやすな。」

「你早點回來喔」。變成這樣的感覺。若是老公邊吃飯邊看報，吃沒兩口筷子就停著不動，那老婆就會拋出這樣的一句話：

「はようお食べやすな。冷めてしまいますがな（快點吃！不然菜都涼了）。」

語尾加上「な」，就會帶出較強烈的責備語氣。

就是這麼厲害。京都話就是這麼一種稍加變化，整個意思就有所改變的語言。若不是平素聽得夠習慣，根本無法知悉對方的真意。很多人都覺得京都人真難相處，之所以這樣想，很大一部分是來自對京都話的印象。

前面我也有提到，京都話的用語邏輯是拉得越長越有禮貌。所以，聽到對方講了一長串時，可以肯定對方是在表達敬意。

例如要向對方詢問意向。若對方是較為親近或屬於下位階之人，便會說：

「どぉえ？（你覺得怎樣？）」

但場景換成店家向客人詢問意向時，就變成：

「どぉどす？（您覺得如何？）」

甚至拉地越長以展現更多的禮貌：

「どぉどすやろ？どぉどっしゃろか？こんなとこでどぉどすやろか？」

我之所以竭力主張京都話不僅僅只是京都方言，上述之所言就是很重要的一個理由。熟悉這些差異，才能精準地掌握對方的真意，才能正確地與對方溝通及互動。就這面向看來，京都話真的是個相當重要的溝通工具啊！

最後，正是由於京都話，方得以突顯出京都特質，人們因而拜倒於京都的無敵魅力之下。京都話，在京都這塊招牌上，如同商標一樣發揮重要的功能。

第二章　陰險的本質——

嘴巴壞的京女，心眼壞的京男

京都人就是壞上加壞惹人厭？

請用一句話來說明京都人。您會怎麼說？

這個問題，想必大多數人心中浮現的答案都是「陰險」吧。在大眾媒體推波助瀾下，許多所謂「新知」的資訊過度氾濫。與其說新知，不如說是陳腔濫調的冷飯熱炒。但造成的結果，就是「京都人＝陰險」這樣的刻板印象深深烙印在多數人的意識裡。

依據辭典《大辭林》對「陰險（イケズ）」的定義，就是「壞心眼的樣子。令人生厭的樣子。或者有上述特徵之人」。此外還有「衍生自〔行けず〕（行不通、不可取的樣子）。使用於關西地方。」這段注釋附加於後。

這個詞在使用上還有個相當有趣的區別：用平假名表示，泛指整個關西地方的人，形容有點小壞心眼但還不至於壞到惹人厭；用片假名表示，則專指京都人，且強調「惡劣、黑心」的負面要素。

敝人是京都土生土長，老實說並不覺得兩者有太大差異啊！看來對普羅大眾而言，兩者差距似乎頗大。仔細探究發現，一般人心中，只存在於京都而不存在於關西其他地方的要素，似乎就是「陰險」。這種看法不無道理，但也無法令京都人心服口服。

換個角度來看，京都女性被譽為日本女性的理想典型、全天下男人的夢中情人，可別忘了，被認定為「陰險」的京都人裡，有一半就是大家這樣讚譽有加的京女啊！

被視為大和撫子的象徵而備受推崇的京女，與惡劣黑心、讓人看了就討厭的京都人，兩者間居然是等號關係？若想探究這個矛盾究竟從何而生，還必須溯本清源從頭談起。

「真是隻好錶」

俗話說「東男京女」。若論男性，則出身關東，尤其是生得魁武雄健、懂得及時行樂、解得萬種風情的江戶男為佳。若論女性，則以舉手投間足流露高貴典雅之京女為上。當然，此兩者的搭配，想必是天生一對的黃金組合。

這說法從何時開始已無從考證。但似乎是長期受到公認的看法，所以電視上綜藝節目經常以此為話題，讓來賓進行談論。

身為京男，坦白說我有些不服氣。好想提個反證來為京男同胞們辯駁一下。不過想想這也算不上什麼重要之事，就暫且擱置吧。相較於此，我倒比較想檢證京女是否真如一般所言，堪稱高貴典雅之典範。

要進一步檢證京女，那必須先給京女下個定義。單單只有住在京都這樣的事實，應該不足以被稱為京女。起碼必須是京都土生土長的女性，方有被稱為京女的資格。

換個話題。跟各位分享一則我親身見聞的軼事。

以前在西木屋町某角落有家店。有點像居酒屋，但料理精緻高級，坐在吧檯又看得見師傅手藝，所以也有點像割烹那種精緻料理店。現在店已經收了，我當時蠻常造訪。該店由一對夫妻共同經營，兩人包下所有工作。老闆手藝自然是精湛到沒話說，但更值得一提的，是老闆娘的親切招待，令人滿足而愉悅。我推薦給好幾位朋友，去過的都覺得非常滿意。

大家一致公認，老闆娘就是典型的京女，我也這麼認為。但事實上，老闆娘並非土生土長的京都女性，而是結婚後才隨老公移居至京都。

老闆娘生長於福井縣一個叫敦賀的地方，移居京都迄今未滿三十年，我得知事實後，真的很驚訝。

外地人要熟練京都話並不容易，儘管日常生活耳濡目染十多年，然而，與老闆娘的對談中，讓我留下深刻印象的，其實是這麼一段話——比起習慣京都話，探知京都人的真實想法、或摸清京都人所說的話究竟是何意思，才是最難的——這裡提到的京都人，當然也包括她朝夕相處的另一半。

確實，京都話有別於其他關西方言，僅透過些微音調變化，就會造成不同意思，真的很難！

京都人的心思難以捉摸，嘴上說的，和心中所想的，肯定存在落差。所以聽京都人講話不可從字面上去理解。

我還聽了老闆娘講述這麼一段經歷。

她結婚後，和老公一起開了這家料理店，到了第三年，因受饕客好評而打響知名度，甚至有些饕客從東京特地前來。有天晚上，某位全國連鎖大型百貨公司之董事級人物來店消費。老闆娘對他的第一印象是這樣：

身上那套西裝看起來很昂貴，一看就知道是既有錢又講究。

這個人自稱美食家，我一聽就緊張起來了。果不其然，他點菜時，不時流露出對食材及調理方式的見解及指示。我心想對這樣的客人絕不能怠慢，更不能拿店內二三流的東西出來丟人現眼。但就在此時，平常只忙著料理食物，無暇招呼客人的老公，居然很唐突地開口說話了。

「您戴的真是隻好錶啊！真不像是隻會出現在敝小店的好錶呢！」

我家那口子沒什麼品味，平常也沒什麼收藏嗜好，哪可能清楚錶的好壞。而且他最不可能做的就是阿諛奉承別人。總之，眼前發生的，耳裡聽到的，總讓我覺得有些不真實。

他才剛說完，馬上取出一套碗盤餐具，與平常用的完全不同。

我們夫妻並不是高級餐具的購買狂，只因兩人都喜歡器皿類物品，所以平常看到中意的，又覺得適合在店內使用的，便會買下來，實際用於料理的裝盤。老公常說，美味料理可能因器皿大大加分，也可能被不合適的器皿糟蹋。

那位客人雖對料理相關事知之甚詳，頗有見地，但對餐具器皿等，顯然沒什麼興趣與指教。因此，對於老公拿出的這套餐具，並沒有絲毫在意，用餐後便滿足地離開。

當晚打烊後，我在內外場清潔時，順便問了老公，幹嘛突然誇起客人的手錶？結果老公這麼回答我：

「戴著那種一大顆像鎖頭的錶來用餐根本是沒常識。不小心就會碰壞店內陶製餐具，或是刮傷漆器。不過，那位客人看似來頭不小，所以也不好明說，只能迂迴說些五四三的，希望他能注意，結果還是沒用。雖說對這位客人有些抱歉，但無奈之餘，也只好拿出平常沒在用的器具。用這組較次等的餐具出菜，當作我們無言的抗議。」

原來如此！我原以為老公終於開竅了，懂得說些好聽話，還有點小感動呢！但其實根本不是這麼一回事。京都人說話的功力，真讓我眼界大開了。

光聽完這則軼事，相信各位就可以感受到，京都人處事手段很不一般。順帶一提，這位男主人是從四代前開始移住到京都，所以稱得上正統京都人。

精通茶道，或長時間處理美術品的人，應該都會注意到這種場合，必須將手上金屬製的戒指或手錶取下。後來聽說那位老闆表示，雖然他拐著彎給予指責，但若那位貴客注意到手錶的問題自行取下的話，他是打算拿出珍藏的器皿來招待對方的。

言歸正傳。

那間店的老闆娘，之所以被公認為典型京女，關鍵在於經歷過幾次類似事件，積累不少經驗。

所謂的京都人，就是要懂得這樣的說話方式。如此學習，熟練，然後實踐，就自然而然成為標準京女了。

京女＝「陰險」？

這種說話方式的本質，用「機微」（在細微之處完美處理人情世故）這個日文字彙來表現最為貼切。用「婉曲表現」（委婉表達）也不錯，但語感較硬。繞著圈子隱藏真意的說話方式，乃是京都人，尤其是京女的特徵。有時，這特徵被視為「陰險」，但另一方面，又被認為足以襯托京女的沉穩高雅。

當京女面對男子追求時，從不直接了當告訴對方自己是喜歡或討厭，而是會說些不著邊際的話。這樣的應對之道，似乎更增添京女魅力。

京女這般特質，當然是深受長久以來京都人說話方式的影響。要說這是一種曖昧不明的說話方式也行，所以也可能導致對方不耐煩。對於喜歡講話直白，有話直說的人而言，恐怕只會不停皺眉吧。「京都人＝陰險」這定論，又因京都人愛兜圈子說話的特質，顯得更加堅不可摧。

可以看成「陰險」，也可以視為內涵談吐俱佳，同一件事能有正反對立的解讀，喜怒由人。人類的主觀認知，真是難以捉摸的深奧之物啊！

舞妓正是京女的理想典型

請回想一下先前提到的那位老闆娘。雖不是京都土生土長，卻讓接觸到她的所有人判定是京女無誤。不僅如此，舉手投足間都散發十足京女韻味。由此可知，相較於出身及姿容，一種由京都人獨有的內在所孕育出的說話方式，恐怕才是關鍵。

足以佐證這種說法的另一個例子，就是舞妓。

透過電視及大眾媒體，世人得以輕易一睹舞妓風華，對京女的印象也順理成章與舞妓連結。換句話說，多數人印象中最接近京女的，應該就是舞妓了。事實上，要在杯觥交錯的座席間近距離與舞妓互動，必須透過茶屋的安排方能如願。也因存在「謝絕生客」的行規，一般人想一親芳澤更是難上加難。

電視節目登場的舞妓，姿容可愛身段柔軟。態度從容優雅，卻有著令人無法捉摸的神祕感。總之，就是呈現出一種軟綿綿的不真實感，鬆軟到大多數男人不願意從溫柔鄉裡振作起來。

塗在舞妓臉上的白粉妝，讓空氣中瀰漫著令人愉悅的香味。相信許多人會將京女形象與天真無邪的舞妓相重疊。然而多數人都不知道的一個事實是：幾乎所有舞妓都是京都以外地方出身，非土生土長。絕大多數是中學畢業後，開始接受舞妓養成課程。從基本日常起居與動作，到學習藝事（藝妓舞蹈等必修課程）、茶道、花道等，每天勤奮練習，直到能勝任陪席的工作。

在此，容我將話題延伸一下。要成為一位出色的舞妓，需接受訓練之嚴格程度，絲毫不亞於僧侶入寺修行。尤其禮儀相關訓練務必紮實，直到舞妓在舉手投足間得以自然流露。或許因為訓練緊湊，舞妓幾乎沒時間回家探親，離家後三、四年間見不到父母也是很正常的。不論再怎麼想家，都只能忍耐，這也是舞妓特訓的一環。

在這段養成訓練中，必須熟稔的可不只京都話，說話要領也得完全掌握，就像那位老闆娘一樣。

也就是說，正是京都這塊寶地，方足以孕育出京女。其中關鍵就是京都人特有氣質，或稱為京都DNA，必須長時間浸染其中方得成就。

就這樣，穿著華麗衣裝，穿梭於花街中的舞妓，逐漸成為京女理想典型。京女，也自然成為大家憧憬對象。臉上隨時保持笑容、塗至衣領處的白粉妝與鮮紅櫻桃小嘴，正是舞妓註冊商標。長長垂在背後的腰帶搖曳生姿，踩著走起來嘎搭作響的高木屐。稚嫩且天真臉龐與濃妝豔抹打扮，勾勒出微妙的均衡感。舞妓在所有人眼中即為京女典型。

其實，舞妓這個稱呼，僅限使用於成為藝妓前的養成階段。大致上過了二十歲之後，舞妓就算畢業，正式改稱為藝妓。

舞妓與藝妓在外觀上有明顯差異。舞妓是將頭髮盤起並插上應景髮簪而華麗登場，藝妓則是戴上毫無裝飾的假髮，低調地穿著黑色或素色和服。

還有，用字遣詞也有微妙改變。藝妓說話時，也不能再像舞妓那樣透著可愛的感覺。視情形，有時甚至要拉高聲調正色以道。

京都的一般女性是什麼樣的人呢？

雖然我現在已經很難再有踏足花街的機會了，但以前的確曾三五好友組隊到祇園町探個究竟。我們不是選擇所謂的「陪酒宴席（座敷遊び）」，而是到那種很像酒吧的茶屋，也就是所謂「茶屋酒吧（茶屋バー）」的店裡，與藝妓喝酒聊天、接受招待。而我卻意外發現，她們和典型京女形象有很大落差。

對初次接觸的客人，藝妓確實是拿出柔軟的姿態來應對。但面對熟客時，她們卻不時吐出辛辣之言。當然也可把這現象看作是藝妓故意展露幽默，但真要和舞妓溫柔婉約的說話方式相比，真是天壤之別。從舞妓蛻變成藝妓，很多特質與講究仍一如往常，但有些部分刻意不再那麼柔軟。

既然如此，可不能把藝妓當成是令人憧憬的京女了，頂多是說京女的理想典型就是舞妓，這說法應該比較安全。

那麼，生活於京都這座城市的一般女性，又是什麼樣的形象呢？答案恐怕要令大家失望了。

雖然不至於像大阪大嬸那樣嘰哩呱啦什麼都敢說，但至少也不是對誰都拐彎抹角。用字遣詞銳利帶刺的也不少。不禁讓人意識到，要在大街上找個溫柔婉約，高貴典雅的京女，難如登天。即便如此，世人對京女仍然懷有好感，乃不爭之事實。

京男才是真正的「陰險」

相較於京女，京男就不怎麼受大眾青睞。

即便與京女說著一樣的京都話，但總透著一股庸俗感。言行舉止間流露出過度的優柔寡斷，而讓人覺得「陰險」似乎是京男的公認印象。

然而實則非也！各位只要回想一下前面提到的料理店老闆，就知我所言非假。細膩地利用京都話特質，既能明確表達意見，又能不傷及對方的玻璃心。京男才是完全掌握京都話精髓的高手啊！只不過，大眾還是很偏心。同樣的話由京男講出，就是「陰險」，由京女講出，就是嫻靜高雅。京男難為啊！

總之，提到「陰險」的京都人時，浮現於腦海中的就是京男形像。依我看來，之所以造就這不白之冤，其實是各種大眾媒體不斷渲染的結果。

電視上有些綜藝節目，透過食物或飲食習慣點出各地縣民性有趣或獵奇的一面。

其中屢屢成為揶揄對象的，就是「陰險」的京都人。說起話來雖然柔和，但京都人內心說到底就是暗黑至極——從不直率說出真實想法，總是冷冰冰地對待其他地方的人，排外的高傲性格令人不敢恭維——上述關於京都人的特徵，儼然已成通說。

下面這例子這也不是什麼新聞了。之前有本關於京都的書大賣，內容是在寫京都令人討厭的一面，我想這應歸功於不少人對京都討人厭的那部分頗有共鳴。看到有人將自己的感想形諸於文字，肯定拍案叫絕。

漂亮的銷售量，搞得我也好想跟風，說些「蔑視別人，當別人傻瓜，正是京都人感到樂趣之所在」之類的論點。不過在這麼做之前，關於其人其書，我想在此提出一些個人的感想。

書中直接以真名舉出一些京都人例子，但所言內容應該會使那些人受到傷害，尤有甚者，可能會害那些人在真實生活中被惡意霸凌。這樣的處理方式在書中的很多地方都出現了，而舉例的幾乎都是京都男性，且幾乎都是知名人士。閱讀其敘述，腦中不難浮現他們言行舉止，導致讀者產生身歷其境的錯覺，最終被牽引至作者想說的結論，「對啊！京都人真的就是這麼令人生厭的一群人啊！」會有這樣的結論也非常合理。

土生土長並在京都度過近七十年的我，認為那本書只有三分之一的內容是真的，不，可能更少一些才對。更何況這本書中以真名所列舉的當事人，現在幾乎都已過世。書中所舉那些人的說法，究竟孰真孰假，無從向當事人確認。

這年頭的出版品，也跟電視上的綜藝節目一樣，負有娛樂大眾的「使命」。就像「小題大作」這句話一樣，內容只能越寫越獵奇。但卻往往也讓有判斷力的讀者讀得滿臉狐疑，無法確定內容真偽。

唯一確定的是，這本書因為名列暢銷書排行的榜首，以至於「京都人＝陰險」這樣的印象完全定著在京都人身上，恐怕是再也甩不掉了。

京都府民性格中的「陰險」

世道真的變了。一個說法，究竟只是譁眾取寵？或是禁得起考驗的事實？好像沒什麼人在乎了。當今風氣如此，滔滔者天下皆是也。真偽不辨又何妨，只要有話題性就是王道。綜藝節目為了收視率，喜歡將各地縣民性單一化、固定化。造成話題的同時，也帶來了「縣民屬性」的既定印象。這樣的傾向日益嚴重。

接下來，容我稍稍偏離一下「陰險」這個話題，另開戰場。那些以縣民屬性為主題的綜藝節目中，常常會以各地獨特的飲食習慣為題。

節目會採訪一些當地人，先舉出對他們而言是理所當然的在地飲食習慣或食物，再告訴他們其他地方沒有這些東西，促使他們訝異地說：

「這麼稀鬆平常的食物，其他地方都沒在吃？怎麼可能？」

節目企劃的重點，就是在收錄他們吃驚又狐疑的表情。這可是每集都不可或缺的名場面。而大多數的觀眾看到當地人都這麼說了，就會表示理解，相信確有其事。

但是，節目官網上，也常看得到一些質疑的留言。

「我也是當地人，怎麼就沒看過你們說的這些東西？更別說有吃過了！」

這樣的例子所在多有。我在看京都相關的那幾集時，也是好幾次對節目中的說法驚愕不已。

「我才沒吃過那種東西！」我心中不斷吶喊著。

一件事多說個幾次，就會被當作確有其事。透過宣傳，僅有的一點代表性就能涵蓋整體。這樣的陳述或宣傳雖非刻意說謊，但稱不上具有真實性及代表性。

那又為何想像與事實之間存在這麼大的落差呢？又為何極小部分總能代表絕大多數呢？說到底，就是因為效果較具娛樂性，足以引出多數人興趣。比起事情真相，讓人覺得有趣才是重點。這就是當今的世道啊。

京都的茶泡飯傳說

相信很多讀者都看得出來，目前為止本書裡不少地方都用了隱喻的寫作手法。接下來要說的這個題材，俗稱「京都的茶泡飯傳說」也是如此。故事梗概如下：

以剛搬到京都的一戶人家為例。才剛安頓下來，女主人就到附近認識的京都人太太家裡去拜訪，打個招呼。聊著聊著，不知不覺離午飯時間越來越近。於是，京都人太太如此說：

「我家實在沒什麼像樣的食物。若不嫌棄，來點茶泡飯填個肚子如何？」

剛好自己的肚子也餓了，想說趁此機會嚐嚐京都家常的茶泡飯也好。於是女主人連聲答應，進到人家屋子裡去。

然而，不管等了多久，總感覺對方不像是要上菜的樣子。心裡嘀咕著到底是怎麼一回事？是不是自己會錯意了？諸多不安湧上心頭。

想來想去，最可能的還是自己搞錯對方的意思。於是起身準備告辭，卻在這時被攔住。

「真是抱歉啊！我實在太不會做飯了，搞到現在也還沒弄好，眼看著就趕不上吃午飯的時間了。我老公也常罵我廚藝笨拙。下次我會提前準備好再邀您來。這次真的很對不起，還望您原諒。」

女主人聽著對方口中的京都話，有些意思雖然不是很懂，但終歸還能理解大意。只好點頭告辭後轉身離去。

聽完後，相信讀者一定想問我這到底是怎麼一回事？其實這是大眾媒體常用的老手法了。

依據大眾媒體的解說，原因是這樣的。即便時間已很晚了，有些訪客卻一點兒也沒有離開的意思，徒增主人困擾。對此，京都人的處理方式，不會直接了當地說出希望客人離開的話，而是問他們要不要一起享用茶泡飯。京都人彼此之間非常清楚，所謂的茶泡飯，根本就是一個提醒對方該回家了的信號。一方說了茶泡飯，另一方也就該識趣地告辭。這樣的模式在京都人之間可以配合得天衣無縫。但對於不明就裡的外地人而言，不論是茶泡飯或是其他帶有隱喻性質的事物，一旦當真既造成京都人的困擾，也令自已貽笑大方。所以反而對愛繞著彎講話的京都人感到不耐，並且認定京都人就是壞心眼。

這個段子，一般都是俗稱為「京都的茶泡飯傳說」。不過，若要論其原型，恐怕是曾流行於京阪一帶的落語（單口相聲），題名就叫做「京都的茶泡飯」。

我曾聽過第三代落語傳人桂米朝先生的表演。真不愧是曾獲得「人間國寶」殊榮的大師，整場表演不斷令人捧腹大笑，絕無冷場。尤其是很多挖苦或反諷的段子，總是讓人會心一笑。整個故事的來龍去脈如下：

主人公是位大阪出身的男子，簡稱為浪花男。他聽說京都人要催促訪客回家的話，不會明言直說，而是假意邀請對方吃個茶泡飯。於是他心生一計。

浪花男前往拜訪某位住在京都的朋友。剛好朋友不在家，不過他並不打算就此打道回府，反而是直接進到屋子等朋友回來。他和朋友的老婆亂聊一通，一點兒都沒有離開的意思。終於把話題帶到食物的方面，希望朋友老婆可以順勢說出那句「吃個茶泡飯如何啊？」不過朋友的老婆也不是省油的燈。她當然知道浪花男在打什麼如意算盤。所以虛以委蛇，化解了對方數次攻勢。不過最終還是敗下陣來，不意間說出了那句茶泡飯的話。

沒辦法，只好拿出茶泡飯招待浪花男。

浪花男大獲全勝，很是得意。卻發現眼前的茶泡飯不過是用冷飯剩菜做的。不過他還是大力稱讚食物美味及朋友老婆熱情招待。當然那是反話，因為這些食物只算是糟粕，根本不是用來待客的美食。浪花男可能是想給京都人一個教訓，也可能是想反將一軍以圖雪恥，總之他死纏爛打，要求再來一碗。

為了逮住機會發動攻勢，浪花男甚至開始誇起盛飯的茶碗了。他向朋友老婆請教這碗要到哪裡才買得到。因為他打算買隻同樣的碗作為此行的伴手禮。

朋友老婆突然心生一計，知道要怎麼化解這場攻勢了。她給浪花男看看她家那隻空蕩蕩的飯桶，告訴他飯桶與茶碗都是在附近雜貨屋買的。高手過招真是精采，浪花男既然都看到了空蕩蕩的飯桶，知道再來一碗的要求已是無效攻勢，只好悻悻然而歸。

因為這段落語相當受到歡迎，所以就和「京都的茶泡飯傳說」一起慢慢擴散到全日本每個角落。

雖然茶泡飯的說法廣為人知，但對於在京都住了近七十年的我而言，這樣的場面卻是連一次也沒遇過。不只我而已，所有住在京都的朋友也都異口同聲地說，從沒見過有人用茶泡飯來當作暗示，催促訪客回家。

京都人確實喜歡兜圈子說話，並以此洋洋自得。不論自己多麼困擾，也不願明說。但是啊，這可不是壞心眼作祟，反而是一種擔心傷到對方的貼心。若是因自己心中期待便直接明說，萬一與對方的意志相忤，那不就搞成是自己對不起人家而必須道歉的局面了嗎？為了不想搞成這樣，真正的京都人會利用一些權宜之計，但不是用茶泡飯這種三流手法。

拉回去一開始的那個場面。

到京都人朋友家拜訪，過了許久仍沒打道回府的想法。這時，京都人朋友像是突然想起什麼似地拍了一下自己的手。

「對啦！我忘了一件重要的事呀！有人託我幫忙。我得出去個一趟，您要是方便的話，不妨在此稍待一會兒。」

聽到這說法，應該沒人會真的在此稍待一會兒吧，即便心知肚明對方在說假話。

真正的京都人，才不會用茶泡飯來暗示！而是會備妥數個方案，不著痕跡地提醒對方該離開了。

不過，話說回來，還是茶泡飯比較好笑吧。哈哈。

終究，贊同「京都人＝陰險」這種等號關係的已成多數。若要追究原因，就像我前面所舉的數個例子，一切根源就是京都人所重視的委婉表現罷了。只是，「京都人之所以不直接明說，就是因為他壞透了！」這種看法似乎也已成為多數人的定論了。

京都的喝茶傳說

於是乎，「京都人＝陰險」，就像書上常見的關係簡圖，幫助人們迅速抓住A

與B的等號關係。如此簡明，容易深植人心。

不得已再嘮叨一次。京都之所以有這麼多「○○傳說」，都是起源自電視上介紹各地縣民性的人氣節目。節目上介紹京都有趣的內容時，總是有意無意加深觀眾對「京都人＝陰險」的定見。雖說以偏概全，但最終結果就是出現了一個又一個的「京都○○傳說」。

日本是一個看似狹小，實則廣闊又極具地區差異性的國家。某地方認為理所當然的生活習慣，可能只存在於當地，其他地方的人聽都沒聽過。這種介紹各地生活習慣的節目題材，又以京都篇為常客。只要播出京都的單元，當集收視率一定好。以至於三不五時就讓京都篇登場。

這些頻繁登場的京都篇，每次在探尋某現象的原因時，都會將因果帶到「京都人＝陰險」這個等號關係，於是此一偏見日益根深蒂固。

向各位介紹一個與前面提到的「茶泡飯傳說」同性質，但荒謬程度更上一層樓的「喝茶傳說」。

到京都人家拜訪，若聽到主人說：「要不要喝杯茶?」那就要把這句話解讀成：「時間差不多了，該回家了。」節目介紹完這則傳說後，還會來一段街頭民調，煞有介事地確認一下真實性。不知怎麼的，受訪的京都在地人全都點頭稱是。有時還會補一句：「這在京都是常識！」

接著，鏡頭拉回攝影棚內，幾位京都出身的藝人排排坐，坐在像是置放女兒節雛人形的階梯式座位上，主持人開始提問，這些藝人都會以篤定口吻分享自己見聞。可想而知，對於是否存在「要不要喝杯茶？」＝「時間差不多請回家去吧。」這種說法，每位都點頭如搗蒜。

但，事實當真如此嗎？

當然不可能！拿這問題去問真正的京都人，我敢打包票，問一百人肯定有一百人會回答你「沒這回事！」。別說京都沒這回事了，其他地方也不會有。這種說法根本不合邏輯，一般而言，不會在客人都待了好一陣子之後，才問人家要不要喝茶。對日本人而言，這事連問都不用，直接泡茶招待客人才是常識。真要問的話，也應該是客人一到就該問吧。

同樣場景換到職場就更好懂了，假設要談生意或拜訪客戶，到對方公司去一趟，一般接待者或祕書會將你帶到會議室或接待室，請你稍待片刻。這時，應該會拿出茶水來招待吧，如果對方開口詢問「要不要喝杯茶」的意思是說你該回去了，豈不是無禮又白目嗎？我想，場景不論是在公司還是家裡，都是一樣的吧。

「喫茶去」是茶道世界裡的一句名言，意思是「請喝完了茶再走吧」，而從古至今實踐這句話的，正是咱京都人。

瞧不起關西人的京都人

只要是綜藝節目中出現揶揄京都人的場面，收視率肯定瞬間爆表。於是這類型的節目就存在著一個默契，一定要比別人更誇張、更荒謬。

「據說啊，京都人會對其他關西地方出身的人說『要恨就請恨你出生的地方』，真的嗎？」

聽到主持人這麼問，坐在階梯式座位那一排京都出身的藝人，又會露出一副理所當然的表情微笑著。不，與其說是微笑，應該是一抹帶有譏諷味道的竊笑。這樣的效果安排，絕對有加深「京都人自視甚高，瞧不起其他關西地區出身的人」這般印象的企圖。

儘管一般都將近畿諸縣統稱關西地區，其實京都與大阪或神戶、奈良等地相比，用字遣詞上就有些微妙差異，性格上也有相異之處。但絕大多數京都人並不會因此瞧不起其他地方的人。

電視台透過誇張的內容，製造節目效果以提高收視率，身為觀眾的我們也是無可奈何。不過，三番兩次明顯地逾越限度，就會讓有良知的京都人開始感到憤恨。這可不是因為京都人歧視別人被抓包而惱羞成怒，根本是大眾媒體在歧視京都人。

其他類似的節目在所多有，但都沒像這個節目般用力地嘲笑京都。無言啊！為什麼會過分到這種程度呢？

對京都的私人恩怨

總覺得電視節目製作人，與京都之間存在著私人恩怨。當然，一切都只是我的推論。

不只搞電視節目的人，我也常聽到辦雜誌的人在抱怨，京都相關的採訪工作難如登天。其他地方的店家遇到前來採訪的人員時，通常會熱情提供協助，唯有京都的店家大多擺出不合作的態度。

京都店家的這種非協力心態，只要確切經歷個幾次就知所言非假。其他地方的店家會認為採訪就等於宣傳，不花一毛錢就得到宣傳的機會，那真是天下掉下來的餡餅，所以需要什麼幫忙都好說。但大多數京都店家就不這麼想。

之所不這麼想，其理由與京都店家秉持的「謝絕生客」這個經營哲學相關。說穿了，就是怕干擾到店內的常客，造成失禮。

一旦上了電視，來店消費的客人就會短時間內暴增。若是雜誌或廣告效果引來的人潮還好應付，但電視導致的宣傳威力可就非常驚人。一經播出，各方人馬蜂擁而至。影響所及，長年光顧的熟客就會覺得受到嚴重干擾，甚至連店門都擠不進去。

更讓店家頭疼的是，電視節目招來的客群往往只是一時性的而已。節目一播出就跟風而來的客人，追的只是話題熱度。一旦退燒，人潮也消失無蹤。但介意人多而不再光顧的熟客，可不是那麼簡單就可以再找回來啊。看多了這種事的店家，對於電視採訪的請求，自然傾向保守。

而電視節目的製作人員，卻覺得透過採訪及節目的播出，是給店家一個宣傳舞台，換句話說，這可是白白賣給店家的一個人情。我不是說全部，但是確實有不少製作節目的人是這麼想的。

「拜託！我們不過想給店家一個宣傳機會，平常可沒這種好康！哪會造成什麼生意上的困擾？」

這是習慣在東京或其他地方採訪的節目工作人員的心聲。

「哎呀！上電視後可不得了。一堆客人突然殺進來，害得熟客都跑光了。而且也不知道人氣爆紅的好光景能維持多久。」

這是京都店家真實心聲。但這樣的說法對自認心懷好意的節目工作人員而言，是一種冷漠的拒人於外。

接下來的發展，便是自認貼了京都人冷屁股的工作人員，在節目橋段中安排些對京都的譏諷做為報復，一吐心中怨氣。以上所言皆是個人觀察與推論，但我認為雖不中亦不遠矣。

所以囉，「京都人＝陰險」這樣的認知，逐漸從傳說變成定說，而且這樣的認知，還發揮了一個相當重要的功能，那就是滿足了大眾心中對於「期待」的需求。

從前面所舉的「茶泡飯傳說」開始，只要在哪個段落中出現「原來京都人是這麼壞啊！」這樣的驚嘆，我便自覺有義務進行駁斥。但駁斥歸駁斥，我也是滿滿的無力感。因為有個清楚的結論呼之欲出：不論是街頭訪問或對攝影棚內京都藝人的質問，都會安排讓他們說出「你看，果然跟我說的一樣吧！」之類的證言。而這樣的安排，其實是為了滿足觀眾的「期待」。也就是上一段所言，滿足了人們心中普遍對於「期待」的需求。

若受訪者或藝人的回答與觀眾期待相反，觀眾肯定覺得沒意思，以至於做出「什麼嘛！無聊死了！」的評價，甚至不再收看。這種模式與過去盛極一時的時代劇如出一轍。

不論是「水戶黃門」或「遠山金次郎」，劇中的惡人究竟是誰，觀眾都能一看就知曉，沒有模糊空間。不論惡人如何作惡多端，最後下場一定是受到嚴懲，惡有惡報。介紹各地縣民性的綜藝節目，雖然和時代劇八竿子打不著，但套路卻是一模一樣。

看到這裡，各位讀者是否覺得不可思議？

京都人的性格上即使有點「陰險」，但也絕不至於過分，卻屢屢遭到誇張描述、偏激對待、無情嘲諷。儘管如此，京都人卻鮮少出聲為自己辯駁。偶爾才聽得到我這樣的逆風聲音，整體而言，只是零星的反擊火力不成氣候。

不只電視節目而已，京都人對於高揭「討厭京都」大旗的新書等出版品，也是默不作聲，挺身對抗的京都人可說一個也沒有。

所以說，京都人天生就是一副怕壞人的軟性子嗎？又或者京都人對各方的指控全然默認無力反擊呢？

答案是NO！兩者皆非！

京都人之所以這樣，正是因為一股強大的京都力量蘊含其中。

謝絕生客的本質

只用一句就能完整涵蓋「京都人＝陰險」這個說法的，那絕對是「謝絕生客」了。

「到京都旅遊，逛到祇園一帶時想找家和食餐廳用餐。結果才剛踏入店門就被告知本店是謝絕生客，硬是被趕了出去……」

總是聽得到有人會這麼說，在面對電視節目的街頭訪問時。這時，街訪特派員還會以一副理所當然的表情附和道：「當然呀！人家京都的門檻多高（敷居が高い）啊！」其實這裡的「門檻高（敷居が高い）」是誤用。這句話是說因為自己有錯在先，所以沒臉登門道歉，才會說對方「門檻高（敷居が高い）」。表示有錯在先的自己根本跨不進對方的門檻。從事文字與報導工作的人會犯這種錯誤，我也是無言了。事實真是如此嗎？絕大多數的京都人表示懷疑。

在京都這座城市裡，存在太多被誤解的事物。例如一般商家根本不大可能向客人表示自家是間「謝絕生客」的店。

會如此表明的只有花街的茶屋，頂多加上同性質的茶屋酒吧、俱樂部等這類供客人飲酒作樂的店，會表明謝絕生客，也不是京都獨有現象，銀座與大阪的店皆如此。玄關處掛有牌子，表明本店屬於會員制。這種謝絕生客、夜間營業的店，全日本各地都有，但其他地方的店家這麼做就沒人多說什麼，採同一套經營模式的京都店家，卻被貼上「陰險」的標籤，不禁讓人感嘆這個世道好像只跟京都過不去啊！

京都的餐廳或料理店，之所以常被旅客誤認為謝絕生客，原因很簡單，甚至從店家外觀即可看出端倪：這些店家，通常都是利用狹窄空間營業，空間上呈現一股壓迫感。正因空間狹窄，讓人感到滿滿的謝絕生客氛圍，所以初來生客光從外觀就望之卻步，容易誤以為這是間謝絕生客的店。

確實，沒有預約就冒昧地闖進人家店裡，以至於被店家以訂位已滿而拒之門外的案例不少。就算店內還有座位，店家也可能藉口已被預約或食材不足無法接待。這時客人容易一廂情願認定這間店是謝絕生客，很不親切。其實，京都店家之所以傾向拒生客於門外，最主要的理由，是擔心自己沒有把握提供令客人滿意的招待。

撇開那些打從一開始就定位成只接觀光客的店家，在京都講究永續經營的正派料理店，是認定非常熟的老主顧為主要客源，也因此熟知老主顧的喜惡及偏好。

但若是不認識的生面孔突然闖進來消費，絕對會讓這種店家不知所措。該做什麼料理好呢？口味該怎麼調整呢？貿然出菜會被客人嫌棄嗎？所以店家絕不是基於「陰險」這樣的理由，才對觀光客及生客態度消極，只是這般的小心謹慎看在觀光客及生客眼中，終究還是被解讀成「陰險」。

所以請別再道聽塗說。當今這個時代仍堅持謝絕生客的京都店家，大概也就只剩花街的茶屋，而偏偏就是這個茶屋，正是其他府縣的國內旅客及外國觀光客來到京都，最想體驗、造訪的地方。

整個京都最令旅客憧憬的茶屋謝絕生客，所以順理成章，旅客在主觀上會自動放大成全京都的店家都一樣，並一口咬定，就是京都人性格裡的「陰險」在作祟！

花街上的茶屋為什麼要採謝絕生客的經營哲學？茶屋不須擔心摸不清生客的口味而做不出料理，卻是基於一個單純的原因——信用第一。因為茶屋做的生意，只能以值得信賴的客人為對象。

茶屋的結帳方式是賒帳制，客人回到家後才會收到帳單請求支付，收不收得到這筆帳，幾乎完全仰賴客人信用與否。若生意對象換成素未謀面的生客，那可無法保證一定可以收到錢，這對茶屋而言是莫大的風險。

在茶屋開宴席吃飯，至少包含下列幾項費用：餐飲費、花代（給藝妓或舞妓的酬勞）、場地清潔費、計程車費，以及代購伴手禮的費用。有時，因為還會在茶屋酒吧等地續攤，這些費用也得加進去。而這一切支出都是由茶屋先代墊。就算接待的是多人數的大團也一樣。在這種場合裡，收現金，付現金，找現金等搞得整間屋子滿是銅臭的不雅舉動，能免就全免了吧。幾天後，茶屋會將這次消費總金額清楚列在帳單上寄給客人，由客人去金融機關匯款繳納。當然，帳單上是不會寫明匯款截止日的。這般不懂人情世故的俗事，茶屋當然不會做。而客人也會講究信用第一，所以一般狀況下，一收到帳單就立刻匯款支付，絕不遲延。

茶屋這生意得以做到今天，基礎就是店家與顧客間構築出的互信關係，也因為如此，恕不接待生客乃是理所當然。這點，還請不明就裡的觀光客務必諒解。另一方面，一般飲食店的營業模式與茶屋並不相同，顧客使用信用卡或現金，在消費後立即結帳，從經營的角度來講，根本也沒必要訴求謝絕生客吧。

另外，偶爾還是有些料理店，秉承自創業以來的一貫作風，經營方式採取和茶屋一樣的賒帳模式，那就另當別論了。但這應當視為過往風華殘留迄今的餘韻吧。

京都人懂得善用「陰險」的既定印象

「京都人就是那麼惡劣！」這樣的說法不斷擴散，還越說越誇張，所以想必京都人都是一副既無辜又困擾的表情吧，但實情是京都人一點也不以為意，相反，還非常懂得善用這樣的既定印象。

這裡舉一位已過世的演員為例。他以演出無賴派的角色聞名，本人個性也非常強悍。他曾在某個雜誌專訪中，留下令人印象深刻的對談。

雜誌上他說：雖然長得一副兇惡的壞人嘴臉，但這畢竟是承受自父母的身體髮膚，所以除了感謝還是感謝。值得感謝的不僅如此，受惠於這張臉孔，他得以不斷獲得惡人角色的演出邀約，工作源源不絕從沒中斷過。確實，只要他一出現在懸疑推理劇中，觀眾就可以一口咬定眼前這傢伙就是犯人無誤。

當然，大家都知道是因演出需要，才隨時擺出一副凶狠模樣，但奇妙的是，人類心理就是存有不理性的一面，總會很直覺地認為他在日常生活中，一定也是個凶神惡煞。

這位演員這麼說：正因所有人直覺認為自己是壞人，反而可以活得輕鬆自在。眾人皆認定你是好人，則一旦行為稍有逾矩，口誅筆伐將接踵而來。但若眾人認定你是壞人，即便行為未達一般標準，大概也沒人覺得奇怪，反倒是偶爾做些一般人會做的一般事，居然還能得到誇讚（笑）。

到此我好像懂了。原來，京都人也在做一模一樣的事啊！正因京都人臉上被寫著「陰險」，所以不論走到那，總會受到他人較為謹慎的對處。常聽周遭京都人說：自己並沒特別做什麼，只不過用極其自然又一般的方式與對方互動，居然得到對方的好感與正評。

我想，上天終究是公平的。換個角度來看，「陰險」這個頭銜，對於被賦予反派印象而吃虧連連的京都人而言，或許是「京都人限定」的禮物吧！

第三章　京都的形象力——

完全靠形象打造的京都

1. 京都的跟風力

第一章曾說過，京都這座城市是建構在世人對她的印象上，到現在我依然這麼認為。

京都宛若一個巨大非實存的母體，不知不覺間，源源不絕產出許多事物，促其成長茁壯。

這裡的用字遣詞，若搞得太像經濟學或行銷學術語，那真是太對不起讀者了。所以我打算用「京都商法」這麼一句話來敘事。另外，雖然我無法提供數據佐證，但總覺得在京都搞買賣的人，非常懂得如何將生意做得風生水起，而且很懂得利用世人對京都的印象來做生意。

截至目前為止，我已經用不少篇幅來分析京都人的性格，所以接下來打算向各位介紹一下京都人的本領。為何京都很多行業都能紅火到這般程度呢？其中有什麼祕密？若找個切入點來觀察，那首先看到的，應該就是「跟風力[2]」。

其實「跟風力」這樣一句日語並不存在，是我所自創的。

2　日文原文為「便乘力」。

倒是有「搭順風車的生意[3]」這句日文，而且還頗常見，不過這句話語感不太正面，常與「貪小便宜」、「狡猾奸詐」等不肖商人的印象連結。所以，要將跟風或說搭順風車這樣的行為，與「力」字結合，成為一個正面意涵的新字彙，似乎不簡單。

不過，仔細看京都這座城市的魅力，就會深深感受到，「跟風」還真是無所不在。基於這個原因，我才將之命名為跟風力。

最能彰顯京都跟風力者，即是飲食方面業者。

來一趟京都，可不能只到寺社佛閣觀光參拜。順道品嚐京都美食，也是此行主要目的之一。「京都有這麼一個美食」，雜誌或電視節目均曾大肆報導，以致許多旅客滿懷期待而來。不，與其說懷著期待，不如說就是衝著這個美食而來的，這才是旅客到京都的真正目的，因此又有不少京都美食搭上了這輛順風車，逐一衍生而出。

3　日文原文為「便乘商法」。

京都的超人氣雞蛋料理

舉個例子。有的人可能不清楚，但內行人就知道我沒有胡謅。「高湯玉子燒三明治（出汁巻きサンド）」就是其中經典一例。

近年突然爆紅，人氣扶搖直上的高湯玉子燒三明治，就如其名稱所示，是以麵包夾住柴魚熬製的「高湯厚煎玉子燒（出汁巻き）」，做成三明治。雖然在百貨公司物產展等很多地方看得見這項美食，但其實這是近一兩年內才問世的新商品，絕非歷史悠久的傳統美食。如今，高湯玉子燒三明治已晉身為京都名物。

正是這個高湯玉子燒三明治，搭上了已流行數年的雞蛋料理風潮，橫空出世，猛然成為人氣美食。可謂跟風力的典型。

一般認為，雞蛋料理之所以成為京都名物，乃肇因於親子丼。那是距今約三十年前左右的事了。雖然現在很多排隊名店前，都出現了不絕的人龍，但在當時京都，這是難以想像的光景。當時，大多數京都人，都覺得為了食物而在公共場所排隊真是丟人現眼，即便到了今天，京都人想法也差不多。雖然京都街頭常看得到為美食而大排長龍的光景，但其實人龍中絕大部分是來自外地。土生土長的京都在地人應該鮮少身列其中。

祇園下河原有間店，菜單上麵類或丼飯一應俱全，但最受饕客矚目的，莫過於親子丼。經饕客口耳相傳，名氣越來越大。最終，該店的親子丼晉身為京都名物。沒多久，同樣是以親子丼獲得好評的幾家店，像是位於祇園的繩手新橋及西陣的店家，也出現了長長的排隊人龍。這幾家都是帶動京都親子丼風潮的先驅。

親子丼？不就是雞蛋和雞肉的組合而已嗎？全日本各地都吃得到呀！為何唯獨京都的親子丼能發展成排隊美食？箇中關鍵，就是那淡淡的柴魚高湯，為平凡無奇的雞蛋和雞肉，勾勒出清新脫俗的靈魂。

柴魚高湯可說是京都料理中至為關鍵的元素。託它之福，再平凡不過的親子丼都能晉身為京都名物。而另一個因柴魚高湯而享負盛名的雞蛋料理，就是「高湯厚煎玉子燒」。

不論作為便當的季節配菜，或是專業職人手作名廚級料理，高湯厚煎玉子燒可是比親子丼更早就榮登京都名物之榜，並受大眾喜愛。其中最具代表性的，就是錦市場裡「三木雞卵」這家店的高湯厚煎玉子燒。

以前的錦市場，可不像現在一樣被觀光客擠得水洩不通，正如同其「京都人的廚房」之稱，這裡是許多專業職人及上流社會採買高級食材的地方，受到所有京都人喜愛與珍視。人們來這裡，想買的都是比一般水準更奢侈的食材。另外，一些店家也販賣標榜「職人手作」的熟食小菜。「三木雞卵」高湯厚煎玉子燒，正是堪稱最具代表性的熟食小菜之一。

東京玉子燒從江戶時代起，便會增加一股甘甜味，但京都玉子燒則是自古以來就加上高湯，口味上較為平淡。卻因如此，京都玉子燒反而更嚐得出雞蛋本身美味。

正因其發展脈絡，最終催生出京都親子丼這款高人氣美食。另一個由高湯厚煎玉子燒派生出的高人氣美食，則是「厚燒蛋三明治（タマゴサンド）」。

厚燒蛋三明治，與便利商店常見的雞蛋沙拉三明治，雖然都是蛋為主角，形態完全不同。相對於雞蛋沙拉三明治以搗碎的雞蛋為內餡，正統的京都厚燒蛋三明治，是以又厚又鬆軟、彷彿歐姆蛋般的內餡為主角。

最受京都人歡迎的，是「志津屋」的厚燒蛋三明治。在麵包還不算太風行的古早年代，「志津屋」之於京都人，幾乎就是麵包的代名詞。整個京都市內到處可見他們的分店或販賣點。麵包價格又親民，不論男女老幼都超愛。店裡最具代表性的商品，是一種叫做「カルネ（讀音：karune）」的麵包。這種食物，是用心形麵包夾住火腿片及洋蔥。稱其為京都的靈魂食物也不為過。經過電視節目推波助瀾，人氣扶搖直上。

另一項代表性商品，就是「炸肉排三明治（カツサンド）」。這是全京都甚至全日本絕無僅有的一絕。一般炸肉排三明治夾的都是炸豬排，但「志津屋」炸肉排三明治夾的偏偏是炸牛肉。這剛好也可用來佐證京都人喜歡牛肉之事實。

再聊聊厚燒蛋三明治。這項商品經常出現在「志津屋」店內架上，裡面的蛋厚實鬆軟又多汁，堪稱京都特色滿點的三明治。不少京都市內的洋食店，都將厚燒蛋三明治列入菜單中。歐姆蛋本來就是各家洋食店拿手絕活，因此進一步加工成厚燒蛋三明治，也在情理之中。

以前在木屋町四條有間名為「コロナ（讀音：korona）」的老舖洋食店，現已歇業。當時該店招牌正是厚燒蛋三明治，主廚是一位年逾九十的老先生，他總以老當益壯之姿，站在第一線調理洋食。或許正因如此，這家店深受在地人愛戴與支持。

若論其厚燒蛋三明治特徵，就是「厚」到麵包快夾不住的厚燒蛋。一口咬下，那種塞滿整張嘴的滿足感，絕對讓每位消費者樂開懷。

只可惜，這家開業近百年的老舖終究禁不起歲月折騰。員工年事漸高，最後只能無奈地關門熄燈。不過許多老顧客總是敲碗期待，想再品嚐一次他們家的厚燒蛋三明治。

不久後，一間名為「マドラグ（讀音：madoragu）」的喫茶店在中京區開幕。據說該店使用與「コロナ」相同食譜製作厚燒蛋三明治，作為該店招牌。它們家的厚燒蛋三明治一推出，不只原本「コロナ」的老顧客，還吸引一大票年輕觀光客。媒體也跟風來採訪，短時間內就高朋滿座。於是繼「コロナ」之後，成為新一代厚燒蛋三明治的名店。

厚燒蛋三明治也繼親子丼之後，晉身為京都名物、排隊美食。

從厚燒蛋三明治，進化到高湯玉子燒三明治

厚燒蛋三明治成為新一代京都名物，已如前述。另一方面，有人鑒於柴魚高湯厚煎玉子燒仍是廣受喜愛的京都傳統美食，迄今仍有一大群鐵粉，於是靈機一動，將高湯厚煎玉子燒作為三明治的中間夾層。這下可不得了，「高湯玉子燒三明治」橫空出世！雖然這項美食跟風了厚燒蛋三明治，卻在短時間內迅速衝出高人氣。現

在京都市內很多地方都吃得到這款美食，和食屋、麵包店、及洋食屋，都分別推出了自家版本。

媒體聞訊立刻蜂擁而至。採訪後卻發現，京都人好像不怎麼把高湯玉子燒三明治看成是款全新的美食。京都人的這般反應，原因也是京都力。

或許是因為內餡出現了高湯厚煎玉子燒。京都人對這款食物太熟悉了，所以才不將高湯玉子燒三明治看成是什麼新事物。這般反應總讓人有種錯覺，以為高湯玉子燒三明治存在京都已久。而這正是京都之所以能成為京都的關鍵。

各位讀者還記得嗎？第一章時曾提到，京都有一股「看不見的力量」。雖然看不見，但卻為世人提供一個想像空間，讓人自覺已經看到。京都人正是靠這股力量贏得屬於她的高人氣。同樣地，替不存在的東西打造出能體驗、能品嚐的基礎，這便是京都名物能在短時間內颳起旋風的秘密。

要創造出這般令人稱羨的成績，就必須應用到開頭所說的跟風力。雞蛋三明治才剛剛造就出話題與熱潮，高湯玉子燒三明治就搭上順風車，並進一步創造出另一個京都名物。所有看倌無不嘖嘖稱奇。

這幾年，日本各地為了吸引人潮與金流，莫不想方設法，努力在各地特色美食上推陳出新，希望一炮而紅。相信他們看到京都這幾個成功案例後，一定羨慕不已。各地飲食業者絞盡腦汁所構思出的幾個方案，往往因缺乏足夠魅力與話題性，只能如空砲彈一般，只聞聲響不見爆炸。既無法引起媒體興趣，也無法在消費者間造成回響。

那為何京都美食可以不斷推陳出新呢？答案就是這個超強跟風力。即便其他地方想以京都為榜樣，恐怕也徒勞無功。因為說到底，其他地方能發揮跟風力的空間非常有限。反之，在京都能跟風的東西自古就多，信手拈來全不費工夫。

再舉個例子。近年來在京都伴手禮中討論度最高的抹茶甜點，也是跟風力帶來的贈禮。

抹茶甜點何以人氣紅不讓？

到京都車站或百貨公司地下樓層的伴手禮專區，放眼望去一片綠。這是因為店家販賣的伴手禮，幾乎都是使用抹茶或綠茶所做的甜點。觀光客在物色伴手禮時，相信腦中第一個浮現的，便是抹茶甜點。

雖然抹茶甜點擁有超高人氣，被認為是最具代表性的京都伴手禮，但其歷史並不久遠。至少在我小時候市面上還不大常見。抹茶基本上是個飲料，但將其作為餅乾菓子類等甜點的原料，真可謂創意上的變化球。能成為京都伴手禮的代表，也真令人意想不到。

基本上和菓子與抹茶是搭配享用的。像是在典型的茶席，程序上先享用甜滋滋的和菓子，使口感變得圓潤後，接著喝口苦澀的抹茶。這樣的先後順序更能將抹茶的醍醐味凸顯出來。反之，抹茶甜點是將抹茶粉覆蓋於菓子零食之上。一口咬下，苦澀與甘甜同時被味覺感知，真可謂是異端般的存在啊！

日本人除了飲用抹茶，平常還會喝綠茶。若在外國，就是喝咖啡及紅茶了吧。只不過用來搭配的甜食或點心，一般不會以咖啡或紅茶作為原料吧。當然不是說百分之百不存在，但就算存在，要像京都抹茶甜點那般地大紅大紫，恐怕找不到什麼有名的例子。

那麼，憑什麼只有京都的甜點，因為使用了抹茶，就能如此地人氣紅不讓？抹茶終究只是茶呀，與紅茶烏龍茶一樣，不過就是茶嘛！又不是魔法！

我推測最重要的理由是：現代人喝到抹茶的機會急遽減少。在以前，抹茶是日常生活中不可或缺的飲料。當時就算出現了抹茶甜點，想必也不會紅成今天這樣。另一方面，咖啡與紅茶迄今仍是人們日常生活中的重要飲品，一天裡喝個數杯也不奇怪。物以稀為貴，現代人如此頻繁地接觸咖啡紅茶，就算將其作成甜點，想必也無法造就風潮。

還有一個重點，就是茶道。

號稱茶道大本營的三千家（表千家、裏千家、武者小路千家）都位於京都，使京都具有濃厚的抹茶印象。對一般人而言，抹茶與舞妓一樣，與京都印象強烈連結。更何況京坐擁全日本知名的茶葉產區——宇治。所以外地人或旅客來到京都，應該得喝上一杯抹茶才算不虛此行……理論上是這麼說沒錯吧？但事實是，好像沒人會這樣想。

為什麼呢？原因就出在茶道。

絕大多數人認知的茶道，只能用麻煩至極四個字來形容。正因為知道其中牽涉到不少困難又麻煩的作法，所以大多數抱持著敬而遠之的態度。別說是自行沖泡一杯抹茶，就算參加茶席，受領一杯別人沏的抹茶來享用，要注意禮節事真是一籮筐。這樣的現實下，現代人喝杯抹茶的機會自然大減。

換言之，茶道雖連結了京都與抹茶，卻同時也導致一般人不大願意接觸抹茶。使得現實與理想間產生了衝突。

而完美解決此一衝突者，正是抹茶甜點。其解決方法，正是善用兩者間的矛盾。旅客來到京都，腦海中自然浮現的，除了抹茶之外，還有茶道那些令人望之卻步的禮儀作法。權衡再三，最終的選擇，往往還是放棄品嚐抹茶的機會。但只要透過抹茶甜點，一切的問題及麻煩就會煙消雲散，任誰都有機會輕易品嚐抹茶。「吃抹茶甜點＝品嚐抹茶」，這樣的等號關係，使京都的抹茶甜點一直廣受歡迎。

舞妓變身與相機店

前面所言的抹茶，與稍後要講的舞妓，兩者情況還頗雷同。

舞妓與抹茶一樣，都是可與京都緊密連結的印象，但也同樣，並非輕易能接觸到。與普羅大眾間隔著難以翻越的高牆。抹茶與大眾間的高牆是茶道，舞妓與大眾間的是茶屋。

還記得前面提到「謝絕生客」嗎？要與舞妓近距離接觸，可是相當困難的。山不轉路轉。為滿足大眾一親芳澤的願望，便出現了「舞妓變身」這樣的管道。

所謂舞妓變身，就是穿著與舞妓一樣的和服，戴著假髮，漫步在祇園一帶的街道巷弄裡，好好感受一下身為舞妓的感覺。這樣的變身體驗，在年輕女性，特別是外國觀光客中，相當受到歡迎，也不乏專程為了變身體驗來京都的觀光客。

但京都在地人對舞妓變身卻有些不屑，他們將這些變身體驗的遊客直呼為冒牌貨，而且毫不掩飾地直接表現出來。這種反應，大概沒人會從中感受到太多友善，但京都人之所以這麼較真，實在是覺得，體驗就只能是體驗而已，再怎麼模仿，也不可能變成真舞妓，變身遊客與真正舞妓，無論是舉手投足，或是姿態談吐，就是截然不同。

女性可以變身舞妓以一償宿願，但男性可就辦不到了。沒關係，男性可以靠著攝影，捕捉舞妓的身影，來成就另一種形式的一親芳澤。這群人主要是以中老年男性為主。

要捕捉舞妓身影，光靠手機或簡易小相機可辦不到。所以這群男性幾乎是人手一台單眼相機，埋伏於花街特定角落伺機而動。每位手中的單眼相機都是高級貨。常常可看到他們擺出專業又自信的攝影架勢，等待捕捉佳作的好時機。

令這些攝影大叔無比憧憬的，便是萊卡（Leica）相機。萊卡相機的京都店就選在祇園花見小路開店，怎麼看都不覺得是個偶然。相信在其背後，也有一股跟風力運作著。

為了完美捕捉舞妓身影，攝影大叔們通常在花見小路四條通往南一帶伺機而動。這一帶舞妓出沒率最高，尤其祇園甲部歌舞練習場附近，不分晝夜總看得到攝影大叔往來穿梭。而在他們眼前不遠處，正是萊卡京都店。想視而不見根本不可能。

一旦攝影大叔成功拍下舞妓照片，那種興奮程度令人不為外人道也。攝影大叔受到鼓舞，想要精益求精，於是趁勢走進萊卡京都店更新裝備的可能性很高。萊卡京都店真的很懂順著消費者心理來挑選店面位置啊！看來懂得善用便乘力的不只有日本人，外國企業也是箇中好手。

攝影大叔購得垂涎已久的設備後，總是會燃起更多熱情。若是從遠處悄悄接近舞妓的話還說得過去。但一般情形是，他們會更加膽大妄為，直接靠近舞妓，將舞妓攔下逕行拍攝，甚至要求舞妓擺出特定姿勢。種種荒誕行徑越演越烈，成為這一帶的日常。

花街這邊的人當然不會放任攝影大叔們的荒誕行徑，他們沿街設置提醒注意禮貌的看板，不只用日語書寫，連同外國語都用上了。

但這樣的力道似乎還是遏制不住。舞妓們也受不了，開始怨聲載道。就在雙方即將相互對撞時，爆發了新冠疫情，衝突意外地緩解。萊卡京都店一直飽受花街的敵視眼光，因為招來攝影大叔這筆帳本要算在他們頭上的。原本頻頻叫屈的萊卡，這下終於可以暫時安心。

頗令人意外，原來抹茶與舞妓間居然有著共通點。兩者背後都有一股跟風力在作用著。不過，能發揮跟風效果的，還不限抹茶甜點與舞妓變身等現代事物，其中也不乏從古時流傳至今的。

以「〇代目」做店名

不大記得距離祇園八坂神社很近的那家店，是何時開幕的，但肯定不會是太久以前。依稀記得大約是二〇〇九年左右，而且才剛剛開幕，店名立刻成為京都人議論對象。

在京都，那種傳承數代的店家或公司並不少，但依據京都人共同認知的潛規則，若要自稱是第幾代傳人，那起碼得傳承五代以上才夠格，只傳承個兩三代，在京都人眼中根本算不了什麼。

那家店的店名中，將「八代目」用了進去。若真達到八代的話，那確實是個了不起的傳承。論歷史恐怕也超過百年，算得上名實相符的老鋪。

只不過，到目前為止，用「代目」作為店名的一部分，在京都幾乎是頭一回，因此成了街頭巷尾談論的話題。

「他們說傳了八代耶！這事你知道嗎？」

「會知道才有鬼咧。我還問了我家爺爺，結果他嚷著沒聽過。到底之前是在哪做什麼生意啊？」

「照他們這種搞法，那換下一代來接時，不就又要改店名了？」

「就是說啊！真不知道打的是什麼算盤。」

類似的對話處處耳聞。京都人對這家店態度保留，但對外地人而言，店名中「八代目」似乎很管用。迄今為止，店門前不時看得到長長的排隊人龍。

真偽姑且不論，單就命名而言，不得不承認是巧思。只不過在店名裡用上八代目三個漢字，就簡簡單單地搭上了京都歷史的順風車。店名裡若沒這三個漢字，消費者想要搞清楚該店的主軸或特色，肯定要花點時間與精力。

在京都，店家歷史越悠久越能得到人們的崇敬。所以，京都店家在店名裡用上「代目」，簡直像開了外掛。或許老一輩京都人對這樣的作法有些鄙夷，但外地人或京都本地年輕人，似乎很容易被這樣的招牌吸引，甚至還會用一種尊敬的態度入店消費。

不過話說回來，打著搭京都歷史順風車的如意算盤，也不是一定用「代目」那麼直接又廉價的方式。請看下面的例子。

人氣強強滾的鯖壽司——因「鯖街道」一炮而紅的美食物語

到日本各地鄉下走一趟，很容易看見一整條所謂「鐵捲門商店街」：整條商店街幾乎全都關門大吉，僅剩零星幾家勉強撐著，呈現出沒落蕭條景象。

站在這幾家店的門口，稍微窺伺店內狀況，年邁的店主通常會起身迎接少見的貴客，順便細數商店街沒落前的美好回憶。

「以前啊，這條馬路可是一片絡繹不絕的景象。因為這條馬路前面不遠處就有港口，所有漁獲都要從這條路運送出去，所以總是人來人往好不熱鬧。我們店以前也曾繁盛一時，甚至忙到連休息的時間都沒有呢。但如今……唉！」

真是白頭宮女話當年般的無奈啊！

當然，京都市區內也出現過鐵捲門商店街。不過大多數都能活用傳統元素，繼續維持熱鬧的光景。

鯖壽司，勘稱京都名物中頗具知名度的一道。將鯖魚切片浸於醋中發酵，再覆蓋於米飯上而成的棒壽司。為了鯖壽司特地從大老遠跑來的觀光客也大有人在，人氣不下於高湯厚燒蛋三明治。

但鯖壽司成為京都名物的歷史算不上太久。原本它只是家常餐桌上的其中一道登不了檯面的鄉土料理。之所以能成為京都名物，除了驚人的美味，最重要的因其實是「鯖街道」的出現。

京都這個距海遙遠的都市，向來與海鮮無緣。人們印象中，京都美食幾乎都是山珍或河鮮，很難與海產聯想在一起，要在京都吃個海鮮的確不是件簡單的事。不過這種狀況近來有點改變。現在的京都，甚至出現不少將生魚片當成主打料理的餐廳，並成功匯集了人氣，造就風潮。

不過畢竟京都遠離大海，要直接使用新鮮海產入菜就比較困難。所以，自古以來將魚類加工製成得以長期保存的料理，這方面就頗有心得。

鯖壽司便是其中一例。在我小時候京都人有這麼個習慣。大人們會在春秋祭典期間自製鯖壽司，送給親戚及鄰居作為賀禮。

不過，對於這時期的京都人而言，鯖壽司並非特意做來品嚐的美食，只是應景一下，於祭典上奉獻給神明，並於祭典後相互送禮。

記得大約也是從那個時候開始，原本就頗有名氣的老舖壽司店「いづう（讀音：izuu）」的鯖壽司，廣受流連花街的常客青睞。

當時，會特意跑來京都吃鯖壽司的觀光客相當少。頂多就是些熱愛京都、想深度體驗的京都通罷了。而且當時的鯖壽司也不是什麼高貴的美食，通常就是自家製，而有些人也會拜託家附近做外燴服務的「外送專賣店（仕出し屋）」代工。無論自製或委外，就是個地方習俗應景小吃。

直到距今約二十年前，鯖壽司才被認定是京都最具代表性的壽司。許多商家開始以鯖壽司為競爭主力。而這一切變化，就從「鯖街道」這個名詞的出現開始。

由於「鯖街道」這個詞經常出現在京都檢定的題目中，想必對京都感興趣的人都聽過。不過大家可能不知道的是，這個名詞變得廣為周知，不過是近幾年的事。

京都府北部海域捕獲的鯖魚，集中到若狹港後往內陸輸出。自古以來都是由若狹開始沿著通往京都的道路運送鯖魚。究竟從誰開始稱呼這條道路為鯖街道已不可考，但可以肯定的是，這條道路確實自古便存在。

從日本海側的若狹到深居內陸的京都，這一帶多的是險峻的高山。走在這條鯖街道上須跨越無數上下坡路段，想必不是條好走的路。為避開極端的高低差並縮短距離，這條路其實並非一條單一主幹道，而是由許多併行支線道路構成。將這些路線統稱為「鯖街道」，實在是非常高明的命名方式。由於「街道」是用來稱呼自古即有的主要道路，以此作為名稱的一部分，很容易讓人以為鯖街道的歷史久遠。而冠以「鯖」這個字，令人腦中浮現出古人挑著籮筐、翻山越嶺地運送鯖魚的生動畫面。

只不過為一條路命名，便可讓人聯想出故事與畫面。這不就是典型的「京都的跟風力」嗎？

前面提過，究竟是誰在何時替這條道路命名已不可考。不過可以確定的是，這個名稱之所以變得廣為周知，與賀茂川上的出町橋旁的某樣事物有關。

站在出町橋上，往南邊一些的地方望去，可以看到賀茂川在那裡與高野川合流，其後改稱鴨川。賀茂川最南邊的一座橋就是出町橋。出町橋西岸的一隅，可以看到一座刻著「鯖街道口」的石碑矗立在那裡。

換句話說，從若狹開始的鯖街道，其終點便是在此。

這塊石碑的南側那面，刻著底下的文字。

「從小濱開始，上上下下翻越無數山嶺的這條若狹街道，在不知不覺間，就被稱為鯖街道了。在若狹灣撈捕上岸的鯖魚，經鹽漬後，由人挑著扁擔運送。翻越無數崇山峻嶺，直達京都的出町。這條食材之道，迄今仍一邊喘息著，一邊向世人訴說著兩地間悠久的交流史。」

在石碑北側那面，則刻著「建於平成十三年九月吉時」。

也就是說，這塊石碑矗立至今，也不過二十年的歲月。由此看來，鯖街道這個名稱恐怕也是那時才開始廣為流傳。而鯖壽司也約莫在此時，才被認為是京都名物。

相較於京都超過一千兩百年的歷史，二十年這樣的數字真是如泡沫般短暫。即便如此，眼下每分每秒其實都有重要的意義。經歷反覆堆積，最終方能堆砌出京都這座偉大的城市。

無數的泡沫該如何堆積起來？跟風力的活用就是關鍵。而熟悉這個關鍵的京都，理所當然地如此強大。

容我再延伸一下這個話題。

從反彈到搭順風車　米其林指南的來龍去脈

令人頗感意外。向來重視日本傳統的京都，也會納入許多外國事物，使其成為京都的一部分，新與舊、外來與在地之間完全不衝突。或者換一種說法，京都似乎很擅長將來自外國的壓力，轉換成促進內部變革的動力。

或許一開始會抗拒外部壓力，但也僅只於表面看來。一旦京都人發現可以借力使力，就會若無其事地接納這股壓力，將其轉換成另一種面貌，作為成長的養分。這可是京都人相當擅長的手法。這幾年剛好出現一個經典，那就是米其林指南事件。

平成十九年秋天，也就是西元二〇〇七年，米其林指南日文版問世了。剛開始收錄的對象，僅限於東京的餐廳，因此稱為米其林東京版也不為過。不過，全日本仍對此議論紛紛。

正好這個時點，國內興起一股追尋在地美食的風潮。國內旅遊也受惠於這股風潮，連年業績長紅。不論是旅行社或消費者，都對哪家店獲得幾顆星這種話題非常感興趣。

但在同一時間，京都卻有不少人冷眼旁觀，絲毫不隨之起舞。

「替料理店排名？這種事幹嘛扯到京都啊？」

「日本料理跟法國料理不一樣啦！日本料理沒法分級排名啦！」

這是一般京都市民的反應。京都餐飲界的料理人，對米其林日文版的出現當然也是滿滿的反彈情緒。但終究保持著冷漠姿態，僅對外表示那是東京餐飲界的問題，與京都無關。

很快地，不過兩年後的平成二十一年，米其林的京都・大阪版本也問世了。這麼說不誇張，京都料理界宛如遇上強震般，上下左右激烈震盪。

心裡戰戰兢兢，逢人便侃侃而談。整個京都料理界相關人員對這個話題議論紛紛。

看熱鬧的人也不少。大眾最感興趣的，是京都的老舖料亭，是否會乖乖地接受米其林的分級排名。

自古以來，京都的料理店一直是在屬於自己的道路上前進。想當然耳，不會樂意看到有外面的聲音對自己指手畫腳。可想而知，米其林否定派絕對是壓倒性的多數。

如此緊張的對立局面，媒體當然不會錯過。於是，許多京都料理店拒絕被米其林登錄的消息紛紛見報。即便米其林再怎麼夯，仍有十五家的京都料理店硬撐到底，拒絕被登錄，拒絕被採訪，拒絕提供任何協助。有些被登錄的店家甚至不允許米其林使用該店的任照片，否則法庭見。

米其林指南也不甘示弱。即使店家強烈反彈，仍強硬逕行出版。兩邊真的是槓上了。

但被登錄且獲得三顆星，等同獲得最高評價的殊榮。這可是個誘人的頭銜，所以有些店家逐漸從否定派轉成歡迎派。只剩一家具有悠久歷史的老鋪料亭依舊維持著拒絕的姿態。該店的老闆是這麼說的：

「我很擔心未來所得到星星數量的增減，將會左右本店的發展方針。」

說是這麼說，但感覺得出反彈力道越來越弱。甚至連那位老闆都從堅決的否定派悄悄轉轉為歡迎派了。

從米其林指南帶來衝擊，到京都料理界默許接受、後來又轉為歡迎的態度，這樣一個轉變的過程，我曾以「黑船」來比喻。從一八五三年培里率領黑船來航，叩關日本，到整個日本決定開國展開明治維新，兩段歷程有著驚人的相似點。

當初，日本料理界對米其林的叩關可不只消極抗拒，而是近乎一觸即發的兵戎相見。但不知不覺間，敵我雙方居然發展出友好的關係。現在米其林舉辦發表會期間，京都的料理界還會派人穿著印有米其林商標的制服，在會場上擔任宣傳義工。真是一副「歡迎黑船」的畫面。

米其林關西版問世後的第一、第二年裡，還聽得到有些店家抗拒的聲音。但到了第三年左右，這樣的聲音幾乎消失得一乾二淨。不知何時開始，京都的料理界只對哪家店被登錄，哪家店星星有增減之類的話題感興趣。

就跟店家會炫耀自己的創業歷史一樣，能獲得幾顆星當然也會被店家看做是一種榮耀。於是乎，接受米其林的列等授星，幾乎變成所有店家的共同立場了。話說回來，星星增加了來客數也增加，打從一開始就沒必要反對嘛。

這一段米其林指南的始末再度清楚地告訴我們，利用外來壓力，使其轉變成我方盟友，這樣的手法可說是京都便乘力中相當重要的一環。

不過這可不是現代才有的現象。打從很早以前，京都就懂得巧妙利用外來事物。

紅磚瓦也是京都著名景色

眾所皆知，京都這個城市尊崇自古以來的傳統。為了保持街道景觀的傳統美，京都市訂定景觀條例，對於建築物及街景的外觀予以嚴格限制。

為了讓市街呈現沉穩洗鍊的整體感，建築物的構型及色彩必須儘可能統一。因此，建築物的外壁用色上，只允許在限定的幾種顏色裡進行選擇。

若選擇紅色、黃色、藍色等，在其他都市並無任何規制，但在京都就只能使用於一定比例的面積以下。而且這種限制可不只針對商家的店鋪，一般住宅也必須嚴守。我家附近有一個年輕爸媽組成的家庭，他們自蓋住宅時，原本選擇了較活潑的藍色外壁。結果建築外觀的審核那關沒通過，導致必須將外壁重新塗成灰色。

也許是這個原因，京都市內的便利商店在招牌用色上，與其他地方主流的鮮豔用色有很大差異。祇園石段下是一片京町家風格的老房子，之前曾有一間便利商店坐落其間。為了在視覺上不至於太過突兀，那家便利商店於是在外壁塗裝與看板用色上，選擇了沉穩的茶色系。

用色的自由雖然受到限制，但可供選擇的並不限於日本傳統色。真要細究，其實很多顏色是外來的。至於哪些顏色與京都氣質堪稱速配、哪些則是八字不合、標準該如何訂，與其說有科學依據，不如說全憑京都人直覺。

以紅色為例。像是交通號誌的紅燈那種赤紅，或是日本國旗上的那種正紅就不被允許。但像是祇園的「一力茶屋」外壁上所使用的那種紅土色（ベンガラ），就沒有任何問題。上一段提到的那家便利商店，與一力茶屋近在咫尺。所以便利商店在選色上的顧慮，應該也是一力茶屋必須考量的吧。一樣是紅色，但進一步考慮明度與彩度後，紅土色就被認為是符合京都風格的紅色，如果是像可口可樂商標上的那種豔紅色就不行。

還有一種紅色，也是從以前便出現在京都的建築物上，所以被認為合乎京都風格。那就是紅煉瓦上的那種磚紅色。對日本人而言，紅煉瓦具有明治維新後，舉國處於「文明開化」的濃厚印象。文明開化正是畫分出新舊京都的那條區隔線。而紅煉瓦上的那種磚紅色，也就成為人們印象中新京都的代表色。其實，紅磚瓦不只出現在新式西洋建築，一些歷史悠久的京都古剎裡也看得到。

歷史上，據說大盜石川五右衛門曾對「南禪寺」的山門讚不絕口，直呼絕景。雖然這段歷史中的人物與建築，年代上其實對不上，所以有人說這段軼事應該只是後人的偽作。真偽姑且不論，就針對南禪寺來說吧。這可是地位高過京都五山及鎌倉五山，在寺社體系上級別最為崇高的禪寺，說是日本第一也不為過。

如果我說，這麼一座名門寺廟，其境內存在紅煉瓦的西洋建築，各位一定很錯愕吧。

其實這個紅磚瓦建築就是「水路閣」。電視劇裡常會以此為外景，所以搞不好不少讀者都看過。

「水路閣」其實是琵琶湖疏水系統的一部分，作為水道橋將琵琶湖的水源接引到京都來。雖然所使用的紅煉瓦呈現出沉穩低調的質感，不至於太過顯眼，但終究是西洋建築中才看得到的拱型設計。怎麼看都不覺得會出現在這種歷史悠久的寺院境內才對。但事實不但與這樣的合理推測相悖，而且重點是，它還不是躲躲藏藏在寺院境內的一隅，而是光明正大地矗立著。

最後一章也會提到。在京都歷史的漫漫長河中，明治時代是具有特別意義的存在。因為從那個時代開始，京都的歷史走向一條新的道路。不只如此，京都在地人的意識，也發生了重大的變化。

在這麼一座地位與傳承都不容小覷的寺廟境內，蓋起一座西洋風格建築，肯定激起強烈反對聲浪。不過，願意接受新事物的聲音也存在，毅然發起運動與前者抗衡。最後，接受派壓過反對派，使京都的發展躍進到下一個階段。

談起京都的西洋風格建築，除了最廣為人知的三條通一帶，緊鄰京都御所而興建的大學校園裡也看得到。從遠處眺望這片美麗的和洋風格交織，替傳統古都增添了一份西洋風彩。

不排斥外來異質事物，而是取其現代的、優質的元素予以善用，並將其內化至京都風格之中。這是京都相當擅長的一手。

2. 京都的擬態力——外地人帶來的經濟效果

「外地人（よそさん）」

京都人把出身於京都以外、但在京都這座城市裡成長、生活、打拼的人稱為「外地人（よそさん）」，即外地人之意。這是日文裡是非常獨特的稱呼方式。日文中的「よそ」意指「他所」，也就是其他地方。並在最後加上「さん」這個敬稱。

更重要的在於，「外地人」這個詞彙具有許多意思，不可一概而論。和許多京都話裡的用字遣詞一樣，會隨著使用的場面而有不同的意義。

例如，京都市內有間知名度頗高的餐廳。除了擁有超高人氣之外，米其林指南也給了這家店很高的評價。這間餐廳迅速成為京都人茶餘飯後的話題，以致聽得到下面這段對話。

「那家店真是出乎意料地受歡迎啊！想訂個位置居然比登天還難！」

「那是『外地人』經營的啦！店名取個『京』什麼的，就好像是京都的老店一樣。其實聽說開業迄今也不過十年左右而已。」

「呵！果然是這樣。他們家一定是吃定多數人搞不清楚底細。總覺得他們這樣是有意無意地在撒謊耶。」

「聽說老闆與老闆娘都跟京都沒有任何關係喔。」

「還有，聽說來店消費的客人也盡是『外地人』耶。」

「明明是位在京都的店，結果店主跟客人全都是『外地人』。話說最近全京都到處都看得到這種店。」

「有什麼辦法。人家『外地人』，就是會做生意啊！」

「而且京都還有一堆『外地人』的客人，到處晃來晃去。一聽說是人氣餐廳就去排隊。我看啊對這些客人，哪怕是拿糟粕端到面前，他們也是稀哩呼嚕地邊吃邊讚吧。」

很辛辣的京都日常對話吧。但或許是因為用了京都話的關係，雖然辛辣，聽起來卻不覺得太刺耳。真是不可思議的平衡感啊！

不過這兩位京都人在對話中提到的現象，卻是真實存在的。

不知從何時起，出身其他地方的料理人老愛在京都開店。當然，這也沒什麼不好。因為京都這座城市自古以來就是這樣，習慣成自然嘛。

真正的「外地人」懂得彰顯自己出身

想在京都闖出一片天，乃人之常情。每天努力做料理，企望在京都出人頭地，更是大多料理人追求的夢想。不分時代，舉世皆然。一旦功成名就，順利在京都紮穩腳跟，不少料理人選擇改用故鄉之名作為店名，以彰顯自己的出身地。

今日的京都，仍到處看得到這樣的店名，與其中殘留餘的歷史餘韻。

在京都，「本家尾張屋」就是個代表。堪稱老舖中的老舖，擁有傲人的歷史及傳承，論稀有性屈指可數。如店名所示，他們家乃出自尾張國（今愛知縣名古屋一帶）。大約在一四六七年的應仁之亂那時起就到京都來開店了。店內提供的蕎麥麵，還真不是普通地好吃。

再如「懷石近又」。這是一家由近江人經營的老舖料理店，為客人提供住宿及餐飲服務。而且每天限定僅招待兩組客人。店名中使用了近江中的「近」，讓人感受到店家主人出身近江的自豪感。

早在一八〇一年的江戶時代，十一代將軍家齊的治世時，這家店就成為近江的藥商在京都落腳時指定宿泊處，而展開傲人的歷史。

店名之所以稱為「近又」，是因為江戶時代的第一代店主名叫「又八」。又八鑒於生意往來的客人都是近江藥商，故將店名稱為「近江屋」。到了第四代店主（也就是四代目又八，又八是可繼承的名號，歷代店主皆襲名又八），鑒於當時京都有太多「近江屋」，為避免混淆，於是將近江的「近」字與又八的「又」字組合成現在的店名。附帶一提，現在的當家是第七代傳人。

於是，從尾張與近江來到京都的「外地人」，也在守護京都歷史與傳統上扮演重要角色。他們迄今仍以京都老舖的身分，持續充實著京都文化的深度，也受到京都人尊崇。更重要的是，正如其店名所示，他們對自己出身地的自豪感及鄉土愛表露無遺。即便早已融入京都，卻從一開始就不以迎合姿態處世。這也正是京都人尊敬這些外地人的理由。

因此，京都人不會因為「尾張屋」及「近又」等字眼，就蔑稱他們為「外地人」。不論怎麼挑剔，都堪稱無懈可擊的京都老舖。

話說回來，前面京都人的對話中所提到的那家店，是否歷經百年後，就不再被視為「外地人」，而能被京都人正面接納了呢？

答案恐怕是否定的。

原因很簡單。不懂得好好珍惜自己的出身地、不懂得以故鄉自豪，只是一味地裝成京都人。

就像今天的東京一樣。長期位居天子腳下的京都，也曾湧進來自全日本各地之人。同一座城市，卻聽得到各地的南腔北調，總讓人有不知身處何地之感慨。理所當然地，各種摩擦與紛爭，也從來沒有消停過。

為避免事態惡化，京都人自古就懂得尊重來自不同地方的人，不會因為出身背景擅加歧視，更不會去搞些隔離之類的措施。

一般認為，京都人對鄉土總是抱持著自豪與深深的認同。這樣的價值觀，使得京都人面對同樣富有家鄉愛的「外地人」，也會由衷報以肯定與敬意，所謂惺惺相惜。相反地，面對不認同自己出身地的「外地人」，京都人也將不吝給予蔑視。

之所以這樣就是京都人認為，不懂認同鄉土、不知珍愛家鄉之人，肯定也不會以誠愛之心對待京都吧。

最能體現京都人這般特質的，大概就是對店名的挑剔。從外地來京都打拼也無所謂，京都人絕對大歡迎。有問題的，是刻意以「京」字來命名，把自己裝成已在京都經營多年的樣子。京都人不見容這種心態，面對這種外地人，就會毫不客氣地稱他們為「外地人」。

這部分所敘述的，與那本暢銷書《討厭京都》（京都ぎらい）所秉持的論點完全不同。

那本書認為，京都人會區分洛中（京都市）出身與洛外（京都郊區）出身。前者對後者會予以歧視。其實，京都人根本不會把非洛中出身的人一率打成「外地人」。只有針對那些宛如昆蟲或動物般善用保護色，刻意偽裝以自欺欺人者，才會對其貼上這樣的標籤。

換句話說，京都人是基於道德上的理由，才去審查「外地人」的初心。而不是基於狹隘的地域觀念，任意排擠或歧視非京都出身的外地人。

「既然不是京都人，那就不要裝成幾代前就在京從商的樣子嘛。若毫不隱諱自己的出身，那我也願意幫忙宣傳啊。」

「就是說嘛！店招牌還寫著京什麼的，不就是要讓人誤以為是存在已久的京都老舖嗎？」

沒錯吧。京都人就是這麼想的。

但諷刺的是，來京都旅遊的外地遊客，對於店家是否就是京都人口中的那些「外地人」根本不在乎。多虧這些外地遊客用日幣大力支持，「外地人」的生意都是出乎意料的火紅。只能說，懂得裝出京都味十足的店家，就能牢牢抓住熱愛京都的旅人的心。也很容易就成為觀光客口耳相傳的排隊名店。

就這樣地，裝出來的京都老舖越來越多，真正的京都老舖反而越是進不了消費者的視線裡。裝的技術越巧妙，觀光客與消費者就越看不到原汁原味的京都老舖。

尤其吾人身處網路發達的時代，只要一有新店開張，立刻看得到詳盡的情報。這家店的傳承與歷史是否用裝出來的，反而無關緊要了。只要店鋪本身能讓消費者耳目一新、包裝出濃濃的京都味，就足以晉身人氣名店。這樣的成功模式更加吸引其他人的效法。以至於「離開家鄉闖京都」這樣的口號，在整個日本可謂甚囂塵上。

不是衣錦還鄉，而是衣錦來京

依據《大辭泉》辭典上解釋，「衣錦還鄉」這個成語的意思是：「離鄉背井之人，在功成名就後以華麗之姿榮歸故里」。

華麗之姿……這句話說得真好。我覺得之所以選擇華麗之姿，不就是因為衣錦還鄉之人滿懷著對故鄉的感恩嗎？畢竟故鄉的養育之恩可是山高海深呀！

但現在已是個過度都市化的時代，對多數人而言，選擇到東京或京阪發展才是王道。所以很遺憾，「衣錦還鄉」這句話好像已成為死語。較之從前，現在捨棄故鄉似乎容易多了。現代人想在大都市出人頭地，揚名立萬的意志太強烈，以至於人人都是前仆後繼，至死方休。

過去東京遍地商機，曾讓在地方已然奄奄一息的店家起死回生。當時普遍的夢想是，想方設法到銀座去開家店，並順利獲得消費者青睞。

這幾年主流的作法，卻是捨東京而就京都。到京都去開店，或是把店遷到京都去，這類選擇可謂是方興未艾。

對於長年久居京都的我而言，老實說不大懂主流作法的背後存在什麼理由。

特別是那些在地方上已堪稱成功的店家，為何要特意捨棄故鄉跑來京都？到底是在想什麼呢？我猜，恐怕是為了得到京都這塊招牌吧。或者說，他們的目標是，能在自家店招牌上附加個來自京都的認證。因為能在京都生存下來，等於獲得了市場認可。

有人當先鋒證明了這條路可行，其他追隨者便會前仆後繼。

有家中華料理店發跡於東海地方（愛知縣、靜岡縣）某個小城市。之後把店整間搬來京都，結果大紅大紫，還在米其林指南上連續獲得星等評價。聽說是家非常難預約的人氣餐廳。

一如預期，這家店把店名冠了個「京」字。很典型的會發生在京都這座城市的事。可能是在之前的小城市裡不受矚目，所以來到京都後，反而特別懂得善用融入環境、不特別引人注目的擬態力。

當然，不是所有店家來京都都保證大紅大紫。若沒有真功夫，在京都這個美食激戰地恐怕只會消失在沒人注意的一隅。

即便新冠疫情肆虐的當下，這樣的風潮仍方興未艾。最近有家從岡山遷來京都開業的壽司店，成為大家議論的話題。

這家壽司店還在岡山時，我就去吃過好幾次。該店原本位於岡山郊外，曾幾何時，變成美食家與壽司通絡繹不絕的名店。與此同時，該店也將營業時間縮短，讓饕客不是想吃就吃到。當我聽說生意如此火紅的壽司店，居然也要遷來京都時，覺得相當錯愕。

這家壽司店不是跑去祇園那種繁華的地方，而是選擇坐落在商業區的某個角落。不知怎地，總讓人有種感覺，好像這家店已經在這個角落度過無數個春秋似的。頗像看到竹節蟲偽裝成樹枝的那種感覺。

到底是在地方寧為雞首不為牛後好呢？還是跑來京都求名聲更上一層樓好？這個問題應該困擾店家很久。最終這個決定，想必是殫精竭慮後的結論。

雖然本書只提到外地人來京都開飲食店的例子，但其他行業中確實也存在著「衣錦來京」的現象。甚至還有外地人來京「開廟」後，人氣爆發大紅大紫的事例。

外地人來京「開廟」

到了楓紅時節，擁有庭院的寺廟總能迎來大批賞楓人潮。不過在京都，能真正被稱為「紅葉名所」的寺廟，其實沒大家想像中那麼多。

除了傳統上最具代表性的「永觀堂」及「東福寺」之外，這幾年還有一所位於洛北（京都北部）的寺廟也相當受矚目。姑且稱這所為R院吧。雖然我未必認真細數，但就個人非正式統計的結果，各大社群網站裡關於R院的貼文數量，應該遠超過永觀堂及東福寺了。雖然這麼說有些誇張，但真的只要是人只要會走路的，大概無一例外會選擇前往R院。當然，絕大多數都是外縣市來的觀光客而非京都在地人。他們到R院所做的事也完全一樣，就是拍下楓紅照片後在社群網站貼文秀圖。其實大約十六年前，R院所在的位置還是一家料理旅館。姑且稱之為K亭。

K亭所在地，原本是一位在京都享負盛名的企業家擁有的別墅。後來別墅的產權轉給企業家旗下的私鐵公司。於是別墅就在改裝後料理旅館，招待私鐵公司的高層或重要客戶。

但這家料理旅館生意慘淡到最終只能收起來。在二〇〇五年左右，由岐阜縣的一所寺廟買下。

買下後，開始一系列大改裝，將旅館變寺廟。原本是料亭客席的地方設置了本堂（類似中式佛寺中的大雄寶殿）。換句話說，外地人跑來京都「開廟」，在京都設了分寺。但大多數人並不知道來龍去脈，只覺得這個R院像是在京都開基已久的古寺。並公認紅葉的時節，此處是不可錯過的賞楓聖地。

上網瀏覽R院官網會發現，一般官網應該好好交待的一些資訊，諸如所供俸的佛像有何來歷啦、寺院的本堂有何歷史傳承等，全都巧妙避開。只有當人們看到從岐阜本寺移轉至此的寺寶照片時，才勉強覺得這裡有間廟。若是網頁上連寺寶的照片都沒有，還真讓人以為此處就是標準的觀光庭院。

不論是知名的寺院也好、收藏國寶的寺院也罷，大部分的門票定價頂多也就幾百日圓而已。但R院一出手就收兩千日圓，完全沒在客氣的。這麼敢開價，可是到了楓紅時節，預約參觀的電話接到手軟。外地人開的廟真是不容小覷啊！

那為什麼大家都吃R院這套呢？答案很簡單，因為將這裡拍的照片丟到社群網站上，可以滿足人們想要炫耀的心理。

這麼說可能有些嗆辣，但現在確實很多人的想法本末倒置。比起用心欣賞眼前的美景，人們似乎覺得努力拍照這件事更重要。無論景有多美，若無法讓遊客輕鬆拍出好照片，就很難得到超高人氣。

近幾年，因為行跡惡劣的觀光客或參拜客越來越多，不少寺廟直接下了禁令，不讓人拍攝庭院。確實，有人會踩上庭院青苔拍照，或在禁止進入的場所擺放三腳架攝影。同時，由於智慧手機的普及，每個遊客隨手一拍就為寺廟招來各種麻煩。仍舊允許遊客拍照的寺廟，也逐漸將自由拍攝區限定在境內固定的幾個點之內。

限定在固定的幾個點是什麼意思？其實瀏覽一下各大社群網站，搜尋與R院相關的貼文後就不難理解。不論拍攝者是誰，每張照片的角度及構圖幾乎都一模一樣。其他人看到了，總以為R院最值得捕捉的就是圖片上的景色。於是也紛紛跟風，在網上貼了一堆千篇一律的照片。接著又吸引了更多人做一模一樣的事。這般風氣使得人們只有興趣跟風拍照，貼文炫耀，至於由旅館變身寺廟的來龍去脈，好像再也沒有人會注意了。狸貓換太子大成功！這一手幹得太漂亮了！

曾經是喝醉的客人唱歌喧鬧的客席，現已化身為寧靜的本堂。倒映在桌面上楓紅令人陶醉，彷彿提醒著人們此處一直受到神佛的守護。寺廟的經營之道，真的是讓人佩服到五體投地啊！

但我更願意把這一切，看成京都的擬態力之效。

依據《大辭泉》上的解釋，所謂的擬態，就是「模仿成其他事物的樣子或姿態」。

由此看來，R院之所以成功，根本是「模仿成京都古寺的樣子或姿態」。只不過進行小範圍的改裝，譬如只是將料理旅館的玄關改成寺廟的山門、通路改成參道，轉眼間就洋溢著洛北古寺的風情。

曾經，歷史緣由及傳承才是決定寺廟價值的重要因素。而今，決定價值的居然是……拍出好照片？隱藏在這一切變化裡最重要的因素，便是擬態力。如何巧妙模仿出某種姿態，就是擬態力最核心的價值。

若今天這個案例，是用市區內的料理旅館進行改裝的話，我想一定沒法順利轉型吧。過往行人看到早已習慣的街景一隅，突然從旅館改成寺廟，應該會嚇得目瞪口呆。

但若拉到洛北山區就不一樣了。這裡很多景色都適合搭配一座古寺。所以這一帶的料理旅館，尤其是經營慘澹鮮為人知的，就格外具有發揮擬態力的空間了。

換句話說，要發揮擬態力，還得講究地理位置，以及變身程序的SOP。不能只是客觀上「夠像」就好，更重要的是要讓人在「主觀上覺得像」。

差點忘了，《大辭泉》上關於擬態的說明，還有這麼一句話：「動物為了攻擊或自衛，改變其體型或體色，以模仿周遭的動植物或事物」。

我覺得這句話更是點出了京都的擬態力之重點。頗有畫龍點睛之效。

不論是外地人跑到京都來發展，或是在京都開家新店，都會努力把自己裝得很京都。論其目的，減少京都在地人的抗拒與反感是一定有的。另一個，就是藉此吸引京都迷前來消費。果真如字典上的解釋，所謂的擬態，其實是攻守與防衛同時進行。

那間R院，就是深深掌握了擬態力的精隨，並以此博得超人氣的最佳實例。

定位擬態——超難預約的食堂

現在全京都最難預約的餐廳中，有一家把「食堂」二字鑲嵌在店名中。

「這招漂亮啊！」這是我心中真實的吶喊。

老闆乃是出身自某家超難預約的割烹料理店。一般消費者光是聽說這個事蹟，就已經自願排隊奉上大把鈔票。沒想到這家店來個逆勢操作，將店名納入「食堂」二字。這一招真的是對上了消費者的胃口。整個過程，簡直就像是漫畫中白手起家成功記的餐飲業篇。

所謂食堂，是指任誰都能輕鬆進入，以銅板價就能飽餐一頓的餐廳。像是車站前食堂、學生食堂、大眾食堂等。影響所及，當大眾看到一般印象中難以高攀的割烹或法國餐廳也叫做食堂，想必覺得突兀至極。

「叫我們食堂？搞清楚狀況啊，我們可不是那種便宜的小店！」

聽到自己的店被叫做食堂，店主肯定氣到吹鬍子瞪眼這麼說。但凡事總有正反兩面，食堂兩個字也可以這樣用。

「我們家就是徹頭徹底的一間食堂罷了，還請見諒。」

用食堂做店名，順理成章很多講究都可省了，很多標準都可以降低了。這招真的很有京都風格。

擬態力一語，可能讓人聯想到奸詐狡猾的印象。但奸詐狡猾不也是為求生存，對應挑戰的重要手段嗎？當然，前提是要能「洞悉」。

洞悉什麼？簡言之，洞悉挑戰是什麼，想清楚手段有哪些。請想像一下不久後的未來，自己會有何成就。為此，需要準備些什麼？另外，小心駛得萬年船，要怎麼小心？小心哪些事？

洞悉百年後的趨勢，方得成功。有此先見之明者，當屬京都這座城市。

3. 京都的先見力——新冠疫情肆虐下仍能光芒四射

外送乃京都強項　百年前的 Ubereats

令和二年是一個多數人無法從記憶中抹去的一年。

上一次因疾病蔓延，使得全日本陷入苦境，已是非常久遠的事了。現在的日本人，絕大多數沒有過類似經驗。

面對疫情如海嘯般襲來，各行各業都深受影響，其中，又以餐飲業及旅遊業為甚，其程度用滅頂之災來形容也不為過。

在新冠疫情燒起來之前，餐飲業和旅遊業分別受惠於國內追逐美食的風潮，及國外旅客紛至沓來的好光景，好一大段時間業績長紅。而今面對這個局面，也只能徒生今非昔比之感慨。

當然，大家都不願坐以待斃，想做些改變以突破困境。餐飲業突圍的起手式，就是餐飲外帶及宅配到府。

其實也稱不上突圍對策，因為打出限制店內用餐的禁令後，客人想吃外食大概也只能利用這些方式。

直到我執筆寫作的當下，也就是令和二年年底，疫情還是沒有消停跡象，可說一整年下來，所有狀況都沒變，雖沒惡化，但也不見好轉。

這一年來，對於堅持又講究的專業料理人而言可真是難熬，很多料理人講究的是「料理現做，必須立刻端到客人面前」，因此只能讓客人現場享用，很多日本料理店都是這種型態，這就麻煩了，外帶或宅配的突圍對策，對他們而言根本派不上用場。

就算能外帶或宅配，後續也沒想像中簡單，這可不是構思如何包裝便能打發的三兩事。衛生與食安如何兼顧？店內用餐的話，餐點可因鮮度及口味考量而分批上桌，但改成外帶該如何調整，都必須絞盡腦汁。此外還有價格設定及外送方式等堆積如山的問題待解決。就算這些全都順利解決了，客人真的就會上門買單？餐飲業光想到這裡就已氣若游絲了。

不過，有些店家對這場餐飲業風暴無動於衷，每天依舊氣定神閒開門做生意，這種店在京都就有好幾家。

他們就是所謂的「外送專賣店」，打從一開始就是只做外送或外燴服務。

京都自古就盛行外送文化。小至藏身街角的小料理店，大至有名的料亭，甚至專做外賣的外燴服務等，這些店的經營型態，原本就有將料理外送，或客人來店取餐的方式考慮進來。所以，前面提到諸多麻煩事完全難不倒他們，只需依慣例經營即可。

可能有些讀者不大懂「外送專賣」的意思，其實「外送專賣」與現代餐飲業的外送服務也不完全一樣，在此略作說明。

「外送專賣」與「外送服務」最大不同，在於它原本就不會讓客人在店內享用餐點。也就是說，他們一開始就是以外送為原則，考慮如何製作餐點。他們接受客人訂單後，在自家廚房或工廠做出料理，然後送餐到客人府上。以這種經營型態做生意的店家，就稱為「外送專賣」。在我小時候，每個街頭巷尾都有看得到兩三家的「外送專賣」。

不論烤魚或出汁捲，簡單燉菜到難做的天婦羅，只要是和食菜餚樣樣能出菜，可以由客人直接向外送專賣店訂餐，也可以請外送專賣店的人跑一趟，到府詢問客人所需餐點。

特別是準備一年中重要節日所需食物或祭品，是很多家庭頭痛的項目，這時便是他們一展長才的好機會。附近幾家外送專賣店都會相競挨家挨戶登門拜訪，以爭取訂單。

我印象最深的，是每年二月「節分」這個節日所要用到的鹽燒沙丁魚。

雖然現在的節分，主角光環已被「惠方卷」這種有點奇怪的食物給搶走了。但在以前的京都，到了節分這天，一定就是每家每戶吃沙丁魚的日子。

當時大家都在家裡烤沙丁魚，誇張一點說，每條大街小巷都瀰漫著烤魚的油煙和沙丁魚的味道。

我們家住的房子附設診療所，為了不想讓診間和待診室也瀰漫著烤沙丁魚的油煙味，每年都是拜託外送專賣店代勞，將烤好的鹽燒沙丁魚送到家來。

我們家並沒有固定向哪家訂購，通常會向不同的三家下單，送來的都是那種大尾的沙丁魚，魚刺又超多，整條吃完對我們小孩子而言是很要命的事。不過沒吃完就不能進行節分的重頭戲，也就是一把抓起豆子撒向長輩扮的鬼身上的遊戲。所以還是得努力撐完，啃光三條烤沙丁魚。現在想到這些過往的童年趣事，仍懷念不已。

時代在變。外食文化日益普及，餐飲業競爭激烈，使得那些開業甚久的外送專賣店也只好一間間收掉。但歷史總像在開玩笑似的，突然冒出來的新冠疫情，讓世人重新認可了外送這樣的文化價值。想想真覺得諷刺啊。

雖然街頭巷尾的外送專賣店一間間收掉，但京都仍有兩家堪稱業界龍頭的，依舊頑固堅守著京都的外送文化，不打算做任何改變，例如設置座位區轉型成餐廳等。這兩家就是「辻留」與「菱岩」。

對京都人而言，這兩家都是既熟悉又親切的老店。他們拿手的項目，包括到府承攬茶會所需的「懷石料理」，或製作賞花所需的「花見便當」、觀賞歌舞伎所需的「幕内便當」等。

最受歡迎的莫過於過年所需的「年菜」（おせち料理）。我家每年過年時，除了自家製的以外，還會另外訂購「辻留」的年菜，以迎接正月的到來。全家一同品嚐不輸給米其林三星級料亭的手藝，備感幸福。

最足以代表外送文化的，就是「菱岩」的年輕小哥騎著腳踏車配送他們家料理的畫面。

他們騎著粗曠風格的老式自行車，輕快踩著腳踏車踏板。身穿白色作務衣，肩上扛著十層的木箱，裡頭裝著外送的料理。這畫面真可謂祇園名物。寫到這裡，想起小時候看到「菱岩」年輕小哥外送時的颯爽英姿，總不自覺心神嚮往，崇拜不已。

用現代人熟悉的方式說，就是為了送餐到鄰近的茶屋，背著外送保溫箱，飛快騎著自行車的 Ubereats 小哥。

對現代人而言，騎著自行車外送餐點，或許是這幾年間才看得到的景象。但對京都人而言，這可是看了半世紀以上習慣到不行的光景了。在這方面，我們又可看到京都的先見力了。

為何京都沒有「不夜城（夜の街）」？

京都的先見力還不只如此。在這場新冠疫情的圍堵戰中，我們好幾次聽到官方勸導大眾勿涉足「不夜城（夜の街）」。在這方面，京都的先見力再度被活用於應對眼前的危機。

隨著疫情從第一波感染擴大到第二波，官方將勸導避免前往的地點逐一擴大。也因此，「不夜城」這個名詞三不五時就被官方提到。例如東京及大阪的知事就曾用略帶諷刺的語氣呼籲，為了避免人與人的連結，請大家盡可能避免涉足不夜城。

對多數人而言，「不夜城」是一個平常不大聽得到的名詞。定義是什麼其實大家都不是太清楚。以至於第一次聽到官方這麼宣導時，很多人還要先研究一下。其實「不夜城」不是指涉某個具體地名，簡單說就是一些暗藏春色的店聚集的區域。或許是不好講得太明，電視上一些談話性節目於是將「不夜城」的影像當作背景，直接跳過解釋名詞時可能產生的尷尬。

怎樣的影像呢？東京的話就是新宿歌舞伎町。大阪的話就是所謂的南區。名古屋的話就是榮或錦。北海道的話就是札幌薄野。當畫面撥出這些地方的影像時，電視台就算是向觀眾解釋何謂「不夜城」了。

知事是政治人物，或許站在他的立場上不好把話講得太白，所以不能明確指出。但行政機關為了具體劃出管制範圍，就必須明示列出這些地方。

幾乎絕大部分都道府縣境內都有堪稱不夜城的場所。不過請注意，京都就是沒有名列其中。

硬要在京都找出一兩個，勉強就只是祇園及先斗町而已。不過這兩個跟其他府縣的不夜城相比，根本天差地遠。為什麼這麼說呢？因為在祇園與先斗町裡，除了極少數的一部分外，絕大多數的店都是七早八早就打烊了。

既然是不夜城，理所當然必須直到深夜時分仍有一堆客人晃來晃去，也要有一堆專削這些深夜客人的店家還營業著。實際走一趟新宿歌舞伎町或是札幌薄野等地區，就會知道那是什麼樣的景象了。

而祇園及先斗町與前述的不夜城，根本算不上同一個量級。就喧囂吵雜程度而言，不夜城是不分白天或黑夜都差不多。但深夜的祇園及先斗町，則是卸下了所有的燈紅酒綠，只剩一抹濃郁的寧靜，壟罩著近乎無人的街頭。

疫情發生前，大批外國觀光客曾一窩蜂造訪京都，他們對京都最為詬病的一點，就是「找不到可以玩樂到深夜的地方」。確實，整個京都就是找不到一個堪稱不夜城的地方，實在是滿足不了他們的需求啊。

沒辦法，現實就是這樣。但為什麼京都作為世界知名的觀光城市，居然連個讓外國朋友嗨到深夜的地方都找不到呢？其實答案與之前提過的「謝絕生客」有關。

不論祇園或先斗町，都是頗具歷史深度的花街，與一般風化區或歡樂街截然不同。雖然一般人總覺得花街的主角，就是為花街添增光彩的藝妓及舞妓，但那不過是表面現象。事實上花街的中心人物，一直是身為經營者的茶屋。而茶屋基於謝絕生客的經營哲學，因此設定成排斥所有人皆能自由進出，只允許特定人入內一覽風華。

很多人誤以為祇園或先斗町裡的所有店，包括割烹或料亭等高級餐廳都是謝絕生客。其實經營飲食相關的店家，不論多麼高級多麼隱蔽，只要有預約，一般都會爽快接受初次來店的客人。

但花街裡的茶屋就不是這樣。講究謝絕生客的主要就是他們。不論客人怎樣穿金戴銀，只要是貿然自己衝進來的生客，原則上就是一概拒絕。之所以如此，就是因為茶屋覺得彼此間還未建立互信關係。

茶屋的收費方式，以現代的流行詞彙來說，就是「全包式（all inclusive）」。前面也有提過，不論給藝妓或舞妓的花代、客人自己消費的飲食費、交通費、伴手禮的代購費等，所有在店裡消費所產生的費用都先由茶屋代墊，當天客人可以一毛錢不花。只幾天後接到帳單再繳費即可。

由於每次在茶屋的消費都不是小錢，所以對於全額代墊的茶屋而言，如果來店的客人未經熟客的引薦，那這生意絕對伴隨著不少風險。

或許還有一些其他方面的理由，但祇園等地的花街會採取謝絕生客的經營哲學，最大原因絕對就是前述的避免風險這一點。

採會員制的高級料理店，因閉門營業的隱蔽性帶給顧客安全感，因而受到金字塔頂層客戶的青睞。這類型店家不斷增加中。花街至今仍堅持謝絕生客，是基於一樣的理由。

雖然曾聽聞祇園的舞妓確診的消息，但迄今好像也沒聽說過有顧客因此受到傳染而確診。

謝絕生客這套經營哲學，居然也能為防止新冠疫情的擴大感染做出貢獻！一切不都該歸功於京都的先見力嗎？

夜間點燈的功與過

京都沒有「不夜城」，連帶影響就是夜生活不夠豐富，這是很多旅客的真實心聲。不只是外國旅客，從國內其他府縣前來的旅客也這麼覺得。對此，京都提出的對策，就是在許多景點施行夜間點燈。

有些高人氣的寺廟會在傍晚時休息片刻，直到夜幕低垂時再度開門，將庭園施以夜間點燈，以此招待夜間訪客。這種營運模式意外獲得廣大迴響，以至於開放夜間觀拜的寺廟逐年增多。

剛開始，夜間觀拜僅限於櫻花季與紅葉季。主訴求是在夜間觀賞燈光照射下的櫻花及楓葉。後來一些寺廟還將夜間點燈擴及到四、五月的新綠季節及隆冬時節。慢慢地，利用晚餐前後那段入夜時分，欣賞市內夜間點燈名勝，這樣的行程逐漸獲得旅人的口碑與推薦，迄今已成人們口中的京都名物之一。

在新冠疫情肆虐之前，每次那些高人氣寺院舉辦夜間觀拜時，往往都是萬頭攢動的景象。「別推啊！」「不要擠！」之類的吆喝聲此起彼落。或許是這般人擠人的場面令觀光客失了觀月賞景的好興致，所以夜間觀拜並不盡然得到正面評價。另外，活動期間常見隨地亂停車、隨手丟垃圾等亂象，也使當地居民抱怨聲連連。突然間，令這一切戛然而止的，是新冠疫情。

為確保人與人之間的社交安全距離，限制入場人數及改採預約制等管制措施被嚴格執行。結果頗令人意外，幽靜閒適的往日氛圍不經意重現於世人眼前。誠可謂塞翁失馬，焉知非福。

由於夜間點燈的場所均是通風良好的戶外空間，例如寺廟的庭院等。姑且稱其為「不夜庭」也蠻有趣的。由於人擠人的場面不再，彼此間得以保持安全距離，遊客自可安心觀景。「不夜庭」在無意間，竟能為對抗新冠疫情這場聖戰做出了貢獻。

如果是「不夜城」的話，肯定辦不到。

儘管多數遊客已能接受夜間點燈的今日，許多在京都住了大半輩子的在地人對其必要性充滿疑惑。其實我也是那些疑惑的眾人中的一員。

因為，正是夜幕低垂，古都的清風明月方能襯托出她所獨有的萬種風情。

「清水きよみづへ祇園をよぎる桜月夜こよひ逢ふ人みなうつくしき」。這是与謝野晶子的一首短歌。大意是說，走在祇園通往清水的路上，朦朧的月光照映著黑夜中的櫻花，呈現出異樣之美。夜櫻令人心情美好，以至覺得擦身而過者皆為美麗之人。除了与謝野晶子之外，很多歌人也都喜歡在作品中詠頌夜櫻。足以讓歌人感動不已，情不自禁詠頌夜櫻之關鍵，絕非使黑夜變白晝的人工照明，反倒是襯托出妖豔櫻色的暗夜及明月。

我曾與某位日本畫的大師有過一段關於櫻花的對談。據大師觀察，他認為一大清早的櫻花是最美的。理由很簡單，櫻花在寧靜的一整晚得到徹底的休息後，就會在一大清早釋放出吸收自天地間的精氣。

說到這裡，大師正色以道。奪走讓櫻花徹底休息的寧靜夜晚的罪魁禍首，不就正是夜間點燈嗎？確實如大師所云，被強烈光束照射、打擾了一整晚的櫻花，又怎麼可能在一大清早釋放出蓄養了一整晚的精氣呢？大師不愧是擁有比一般人發達數倍的審美之眼，他的觀察與評論可說精準又深刻。

可是另一方面不得不承認，宛如昆蟲般具有趨光性的人類，總是會在黑暗中被閃閃發亮的事物給吸引。也正是因為這樣，夜間點燈明顯帶來了人潮與錢潮，活化了經濟。

對於飲食店與伴手禮店而言，可以帶來人潮與錢潮的夜間點燈，簡直就如再生父母般的存在，感激不盡啊。夜間點燈就像是有求必應的阿拉丁神燈，有些觀光業者如此公開直言。不過，也有人對夜間點燈頻頻皺眉，擔心京都固有的夜間風情變得蕩然無存。

正反兩種意見的相互競合，反倒提高了京都的魅力值。慎重派與積極派相互制衡的同時，卻也一起找出了折衷之道。如此的進步公式，正是使京都不斷茁壯的一股力量。

原本會導致人與人過度接觸的夜間點燈活動，卻因新冠疫情的肆虐，以及隨之而來的管制措施，輕易解決了人群過密的疑慮。不論是慎重派或積極派，目前雙方都能接受的平衡點，就是一方面允許夜間點燈的存在，一方面想辦法控制熱度。

不偏向任何一邊、注重相互間的平衡與妥協。這也是造就京都的一股強大力量。

「微旅行」與「我去那裡走一趟」

為對抗新冠疫情，政府勸導人民自我節制，不要恣意旅行，避免不必要的移動。這樣的宣導才剛廣為周知，卻又馬上改絃更張，打出「GoTo 旅行」的一系列宣傳活動，提倡國內旅遊，意圖拯救旅遊業。到了令和二年（二〇二〇年）年底，因為疫情再度擴大，只好中止「GoTo 旅行」的推廣。真是一連串令人目不暇給，又前後矛盾的政策與宣導啊。

「所以到底要我麼怎麼做？」到處聽得見這般充滿疑惑又百般無奈的怨嘆。特別是對旅館業者而言，令和二年就是被新冠病毒玩弄於股掌之間的一年。

在許多還在摸索中的生存戰略中，有一項特別值得注目。那就是「微旅行（マイクロツーリズム）」。

既然已經明白定位成「微」旅行，頂多只能以住家為中心，拉一條允許一日往返的距離為半徑，劃出的圓形範圍為其極限。距離越是拉遠，越容易增加人與人連結的機會，感染的風險也就大增。所以將風險管控到最小的前提下，前往離住家非常近的地點享受旅遊的樂趣，就是微旅遊的宗旨。

打出微旅遊這個主張的人，乃位居全國連鎖性渡假村的龍頭。諷刺的是，該集團不久前還在力推到遠處旅行。

回到正題。所謂到住家附近旅行，最遠可到哪裡？當然這是一個不確定概念，也找不到明確的劃分標準。不過，總是不能穿越府縣的邊界，到另一個行政區去。至少這一層意思是清楚的。

如果這樣定義，那這可是京都人自古以來就擅長的移動模式。

在街道的某個角落，兩位互相認識的京都人不期而遇。一位是日常的穿著打扮，另一位則是相對穿著體面，略有裝扮。先開口說話的是日常穿著打扮的那位。

「喔，您要出去啊？」

「嗯啊。我去那裡一趟。」

「去那裡走走不錯啊。路上小心。」

「多謝了。」

簡短交談後，相互點個頭行個禮。然後背道而馳，各走各的。

如此不清不楚的內容就能產生溝通之效，京都人也實在不簡單。一方沒有具體說明目的地，只含糊說句「我去那裡一趟」。另一方卻宛若聽懂了，以「去那裡走走不錯啊」這種略帶羨慕的語氣回應。雖說讀者可能會覺得這樣的場面應答也太敷衍，但互相尊重，不願過度涉入對方私領域，實乃京都人相處之道。

同樣場面若換成兩位大阪人，這樣的對話模式就行不通了。

「等等！你說『那裡』是哪裡啊？只說『那裡』沒人會懂啊！」

「我說『那裡』就是『那裡』呀。去哪裡都一樣吧。」

「呵呵！一定是要去不可告人的地方吧。我猜對了喔！」

「你管這麼多幹嘛？我上哪裡去干你屁事！」

應該會變成這樣的對話吧。

儘管同樣位於關西地區，但人與人的互動模式居然會天差地遠，想來也是非常有趣。

很明顯，「那裡」指的就是附近。這句話好用之處在於，就算要出遠門也可以這麼說。京都人即便要出遠門，有時也會含糊地用「去那裡一趟」來代替。聽到這句，另一方不應、也不能過問具體細節。至少在京都人的意識中是這麼認為。

我認為，在新冠疫情肆虐的今日，「去那裡一趟」這句話更是好用。

不論是去旅行、回老家、出差等出遠門的時機，卻不願向別人說得太清楚時，「我去那裡一趟」可說是最佳選擇。既保留了隱私，也算不上說謊。

雖然現在越來越多人，不使用片假名或外來語，就渾身不來勁。但不說「マイクロツーリズム（微旅行）」，而說「ちょっとそこまで（去那裡一趟）」，卻更能彰顯與眾不同及瀟灑不流俗的風骨。有這麼好用的一句話，全受惠於京都的先見力。而這句話的根源，其實就是「人與人之間保持距離，相互熟識而不相互干涉」的傳統智慧。

第四章　京都的美食力——

為何京都美食天下無敵

1. 京都的招牌力

正統的京都貨才不會出現「京」字

京都街道本身就是一個巨大招牌。招牌上寫的，便是「京都」二字。

一般而言，招牌的作用是標示所在地。就像是指標，讓人知道某事物就在此處。不過，「京都」這塊招牌倒是有些許不同。

容我舉個老掉牙的例子來說明。京都這座城市的「京都」招牌，正如水戶黃門微服出訪時，向壞人出示、用來表明自己尊貴身分的印籠。

「怎麼啦！沒看到嗎？給我搞清楚這裡是哪裡！這裡可是你惹不起的京都喔！頭幹嘛抬這麼高？給我趴下！」

若是模仿水戶黃門劇中的口吻，「京都」這塊招牌大概就會這麼說吧。

與黃門公的印籠所不同的是，黃門公與陪伴他的侍從，平常幾乎不會讓附有葵紋御章的印籠派上用場，只有在緊急時才會出示於人。而「京都」這塊招牌是二十四小時一覽無遺，除非刻意閉上眼，否則不可能看不到。

其實，寫著「京都」二字的招牌有兩塊。一塊是具體可視的，明確標示出「京」這個字眼。另一塊，雖肉眼看不見，卻是無時無刻不高高聳掛著。首先，就從看得見的這塊說起。

請各位回想一下，當漫步在京都街頭時，是否曾注意到哪些不同於其他城市的地方？

例如：與漫步在東京街頭的經驗相比，您是否發現，當佇立在京都街頭時，總會看到代表這塊土地的文字不斷出現在觸目所及之處。亦即，「京」這個漢字幾乎占滿了人們的視野。在其他城市，這樣類似經驗應該少很多。

豆腐店前看得到「京豆腐」，蔬菜鋪前看得到「京野菜」，醬菜店前的是「京漬物」，和菓子店前的是「京菓子」，最近連肉舖都掛著寫有「京都肉」的招牌。

另外，餐廳裡也會出現相同景象。「京」這個漢字總是躍然於店前招牌或是門上暖簾。例如京料理、京割烹等等。打開菜單一看，「京」這個字隨處可見，從食材到料理名稱不斷被強調。

這些都是我所謂具體可視的「京」字招牌。至於看不見的，指的就是店家的外觀、裝潢、所處地點或環境。雖然沒有透過文字昭告天下，但散發出來的整體氛圍，徹頭徹尾就是個「京」字招牌無誤。舉個例子，坐落在小巷弄裡最深處的那家「京町家」樣式的店，就是不靠任何文字紮紮實實打出「京」字招牌的代表。

我認為，看得見的「京」字招牌，是為了菜鳥級的京都愛好者而設。反之，看不見「京」字招牌，則是為了指引高手級的京都愛好者而存在。

標有「京」這個文字的招牌、暖簾、料理等，最容易吸引沒來過京都幾次的旅客。另一方面，對京都熟到不能再熟的旅客，已經對「京」字招牌免疫了。他們找尋的目標，絕非大剌剌掛著「京」字的店家。

小巷子通往大馬路的入口處，因為非常不顯眼，一不留神就會走過頭。雖說是小巷，其實是條死巷。順著腳下石板路走到大約盡頭處，寧靜佇立著一間店。店門口點著方形紙罩座燈，是將客人從外面世界招來的唯一指引。向側邊推開格子門，伴隨著嘎啦嘎拉聲響的，是一句軟綿綿的京都話「歡迎光臨」。

「おこしやすぅ。ようこそ。」

即便從頭到尾看不到一個「京」字，只要出現這樣的場景、聽見這樣的令人耳根酥軟的一句話，任誰都會覺得這才是百分百的京都。聲光與情境充分替代了招牌功能，「京」這個字根本派不上用場。店家本身就是活生生的「京」字招牌，時時刻刻吸引著旅人的造訪。

因此也可以說，京都店家是以自身氛圍做招牌的。而全日本大概也只有京都能這樣做。大阪人必須為人氣商品打上「浪花名產（なにわ名物[4]）」。名古屋的店家會將多種在地美食統稱為「名古屋料裡（名古屋メシ[5]）」。但京都用不著這樣做。靜靜佇立著的店家，搭配門口的方形紙罩座燈，光這個畫面就已讓旅客們深刻體感到置身京都。

只要善用這塊看不見的招牌，京都飲食業者就能永保生意興隆。就連那威名四海的職人級美食指南書，也對京都的美食力感到不知所措！

---

4 「なにわ」的漢字是浪花，即大阪的代稱。

5 也有人譯為「名古屋飯」。「メシ」原意指飯，亦可當食物或料理的代稱。

2. 催生出京都美食的力量

專程派卡車從京都載水到東京的分店

我寫了一系列關於京都的書，第一本就是《京都料理的迷宮[6]》。其實那本書不只在講京都料理而已，而是與本章一樣，重點在探究京都的食物何以堪稱美味。

那本書早在二〇〇二年秋天出版，令我感到驚訝的是，即使二十年後的今日再度翻閱，卻發現當時結論仍能通用於今日。雖說相較於京都超過一千二百年的歷史，二十年光陰真猶如白駒過隙。但我想，合乎事實的結論，絕對禁得起時間的考驗。

不論是當時或現在，我寫書時，採訪店家之類的事一概不做，我不會專程約訪料理人，在書中提到特定店家，也是在事後得到他們的同意。有些店家雖然事前同

6　『京料理の迷宮』。「光文社新書」於二〇〇二年9月出版。

意與我對談，但最終卻不希望我將相關情報公開於作品中。我幾乎不會在作品中一味讚揚某些店家，無論好壞我都直書。若有批評，則盡可能強調是我個人的意見。

另外，我不會為了寫書去採訪，只是平常就會去一些店裡用餐，為了事先備好更多的寫書材料，藉著用餐之便，與師傅們聊些有趣的事。

當然，我不會窮追猛打質問。頂多站在一個普通客人角度，聊些自己好奇的、感興趣的事。通常我會先抒發自己對某事的感想，以引起師傅們的回應。

「這道椀物[7]（お椀）真好喝啊！明明是吃進肚裡，卻感到沁心美味。」

我自言自語說著，但聽到這句由衷感言，師傅們幾乎不可能毫無反應，或多或少一定都會接話：

「感謝您的肯定，椀物可說是日本料理的瑰寶。不多花些心血和氣力是做不成的。我們家是用上等昆布和好幾種柴魚，小心翼翼熬出昆布柴魚高湯，是渾然天成的美味喔！」

7　以漆器木碗盛著湯汁或燉菜的料理。廣義而言，使用碗盛裝的料理都能稱為椀物，類似的名稱有「煮物」、「汁物」。

「我就知道，果然不簡單！光就使用最高級的昆布和柴魚這點，一般家庭就是想學也學不來，最後還是只能認輸，用沖泡式的柴魚高湯來代替。」

「不過話說回來，最重要的還是水質。水可說是京都料理美味的關鍵。」

「哦？您使用哪裡的水呢？」

「我們家是在梨木神社那一帶汲水的。」

「梨木神社啊！難怪！」

這就是我所謂的「引起師傅們的回應」。

幾乎每位京都料理人都會說，他們得如何努力，才能將昆布和柴魚熬成客人眼前的那一碗高湯，也幾乎是異口同聲，水之於京都料理何等重要。

有一段眾所皆知的軼事。某間享負盛名的日本料理店，原本開業於京都，但後來決定到東京去開分店。

據說京都本店的常客，利用機會順便造訪東京分店。當他端起椀物，嚐了一口湯汁後，不禁皺眉對師傅說：

「喂，你們不能因為是分店就偷工減料吧！還是應該跟京都本店一樣用相同的材料相同工序來熬高湯呀！」

師傅一臉詫異。明明是用和本店一樣的食材、一樣的方法熬製的高湯，為何得到這般負評？該不會是這位客人自己的味覺出狀況？但因為對方是重要熟客，絕不能坐視不管。於是，師傅親自確認，才驚覺真和京都本店的味道有著微妙差異！

搞了半天，終於發現問題所在。原來，東京自來水經淨水器處理，以至於產生味道上的偏差。一番檢討，雖然在成本上有些無奈，但為維持「京」字招牌的高品質，往後只好派卡車專程到京都去載水回來。

東京與京都地質不同，造成差異之一，便是兩地水質硬度不同。東京是硬水，京都則是軟水。要將昆布的天然美味熬出來，用軟水較合適。只不過水質上一丁點的偏差，導致結果就是味道的劣化。水，真是不能小覷的料理元素！

自來水也沒問題

因此，要探究起京都料理美味的根源？答案就是「水」這個基本元素。

京都盆地的東、北、西三面均被群山圍繞，受惠於此地理特徵，京都擁有高品質水源，宛若上天特別賜予的禮物。

三面群山，匯集豐沛雨水與雪水，經層層過濾，或為河流，或為伏流水，一路奔向京都，之後轉為地下水脈，綜橫交錯，直至洛中一帶，家家戶戶只要向下掘井，就能輕易享用到純淨的飲用水。

相較於早期，現代人對健康要求提高不少，因此對掘井汲水這事較為保守。儘管如此，京都仍有不少店家堅持使用井水。特別是製作販賣豆腐的店家。豆腐的成分幾乎就是水，水的好壞直接影響了豆腐的品質。

不只地下水脈而已，京都盆地地底深處的岩層中，存在一個巨大的「水盆」。這個渾然天成的巨大水盆，為京都保留了可觀的水資源。經年累月的變化，致使有些水滲出岩層，直接嘉惠於京都人。據說，地底水盆所蘊含的水量與整個琵琶湖大致相同。在今天，我們時時聽聞許多地方為爭奪水資源而大打出手，相較於此，京都地底下存有超級巨大水盆之事實，真是令人感到安心。

還不只水量豐沛而已。由於京都地質因素，致使水源中所含礦物量較少，因而成為珍貴的軟水。託軟水之福，眾多美味食物得以在京都這塊土地上孕育而生。

水量夠加上水質好，已可謂高枕無憂。不過京都人還想做得更周全，他們不打算全靠大自然的恩賜來滿足對水資源的需求，更進一步透過人為努力，使更豐沛的水源匯集於京都。

具體實現這個想法的，就是「琵琶湖疏水」。

話說回來，當初興建琵琶湖疏水的目的，其實不只將水源從琵琶湖疏通至京都而已。當天皇決定離開京都，遷往東京時，無數京都人都感到失落及不安，所以這項工程，也蘊藏振奮人心之強烈意圖。畢竟將琵琶湖水引至京都，實乃世紀偉業，順利完工後必定可為京都帶來莫大榮光。

水資源可說是人類各種生存要素裡的重中之重。徹底解決用水問題，將為日常生活帶來莫大的安心感。很慶幸，從我出生迄今將近七十年的歲月裡，記憶中從未經歷過因缺水所生的困擾。

還有一點不得不提。琵琶湖疏水所引來的純淨湖水，水質之優，完全不劣於地下水。當然，上水道的引水結構也是確保水源清潔的重要因素之一。但更重要的，琵琶湖水經過自來水轉換的淨水程序後，仍維持高品質。也因此，在京都直接使用自來水做料理的店家還真不少。

例如，京豆腐名店「とようけ屋山本」的豆腐也是使用自來水做成，當我第一次聽到時，還真是嚇了一跳。

原本一直以為京豆腐之所以美味，就是使用了井水之故。聽到「とようけ屋山本」使用自來水這事，驚訝之餘，也重新認知到京都自來水的高品質。

三面環山所層層過濾出的泉水、地底深處所蘊藏的地下水，再加上經由琵琶湖疏水而來的超優質自來水，京都的水資源豐沛無虞。而京都也沒有浪費這上天恩賜，充分將此一優勢發揮至極致，不斷努力以優質水源為基礎，成就一道道京都獨有的美味。

因為有京都人的嚴格，才淬礪出京都料理人的精湛

水孕育出京都的美食，而使美食不斷成長茁壯的，便是京都在地饕客了。這些人會當面向料理人說出毫不留情面的苛刻批評，使京都美食無時無刻不受到砥礪與淬鍊。這是個事實，但卻特別容易被忽略。尤其近幾年，願意對料理人嚴格指教的京都人越來越少，令人不禁對京都美食的未來憂心忡忡。

京都自古以來就存在著一群在社會上有錢有勢的人，日文叫「旦那衆」。旦那衆是花街用語，指的是支持特定藝妓或舞妓，並將她們的成長與進步視為

己任的一群人，有點類似常客，但內涵比一般常客高深得多。當然，成員幾乎都是男性，所以要說他們是群沉醉於酒國、流連忘返於花街的大叔也是可以。但正是因為這群人的存在，舞妓才能不斷成長。旦那眾可說是花街裡無可取代的存在。

旦那眾與一般客人最大的差別，就在於他們具有培育的意識，而且把培育視為己任。而他們所願意培育的對象，還不限於藝妓或舞妓而已。其他如茶屋及花街上其他相關產業，他們都願意透過消費給予實際支援。當然，花的是他們自己的錢。

既然說是培育，那總不能淨說些好聽話。不假辭色說出意見，毫不客氣提出忠告，也是他們的任務。

旦那眾面對專業料理人，也是一樣嚴格。他們常去自己中意的料理店，時而誇讚褒揚，時而正色忠告。不論是對店家，或料理人，都是不可或缺的成長助力。

「最近是否在擔心些什麼？」在A割烹店的吧檯座席上，某位常客結帳時，向老闆如此問。

「您的觀察力果然依舊敏銳！今晚料理是否不大合您的胃口？」老闆深深嘆了口氣說。

「說這話就表示你一點幹勁都沒有！做料理就是要注入自己全部的靈魂才能

成功。等你又能回到秉持初衷、全力以赴的狀態，再連絡我，我再來一次。做不到的話，今後就請別打擾我了！」

常客下了最後通牒，說完，頭也不回地離開了。

老闆想起這位常客之前曾向他說過的一番話，更是無從辯駁，只能垂著頭不發一語。故事是這樣的。

之前有段時間，A割烹人氣扶搖直上，想在祇園開分店。開店準備各項進度一切順利，接近完成。老闆一人孤掌難鳴，只能將分店營運委託二當家。只是，若連料理部分都由二當家做主，總覺得有些不放心。還在猶豫該怎麼做才好時，二當家反倒先發難，既然整間分店都要由他主持，那麼便要求領取店長等級的工資。

老闆應允了二當家，只是，要領店長級的工資，當然也應具備獨當一面的手藝及本領，這要求不過分，但才剛說完，二當家乾脆提出辭呈，還彷彿要跟老闆作對，故意轉去敵對陣營的料理店工作。

分店整修工事早已開始，現在想要中途喊卡也不可能了。老闆為此背負一大筆債務。事到如今也找不到願意接手的同業。為此，老闆日夜不停煩惱，但也無濟於事，生意還是要做。老闆想一如往常按程序做料理，但心不在焉的他總是不斷出現遺漏或疏失。做出這樣的料理，若是第一次上門的客人還好蒙混過關，但想騙過常客的舌頭可不容易。想起那天，老闆稍稍向常客透露了他的分店計畫，但常客的反應，令他有些失望。

「欸我說啊，把店搞得像屏風一樣不斷展開，最後可能也像屏風一樣站不穩而整面到下吧。人就是要搞清自己的斤兩。小有什麼不好？屏風摺疊成一小塊，就算風一直吹也不容易倒，對吧。」

當下被潑了冷水，有些惱羞成怒，所以什麼也聽不進去，但若當初能聽進這句勸，今天也不會……老闆悔不當初，只能力求停損，支付違約金後尋找再出發的機會。這段逸事裡，那位常客給予A割烹的老闆的忠告及鞭策，我將其稱為京都美食的育成力。

不論是說話的一方，或是聽話的一方，希望話題不要涉及批評的尖銳場面，此乃人之常情。但正是因為心存培育念頭，所以才狠下心來將自己真實的看法說出來，希望對方視為忠告而坦率接受。可是，一旦確認對方是個既沒遠見又耳根子硬的料理人，他們可以毫不留戀將對方就此從自己的生活中剔除。

B壽司店裡的吧檯座席上，我與一位認識的學者C先生比鄰而坐。C先生是公認的美食家，他的隨筆文章也常會刊登在地方新聞報美食專欄。

這家壽司店備有各式佐餐的葡萄酒，種類多、年份佳。這點讓我很是中意，所以之前有段時間常來店消費。之所以說「之前」，是因為後來我有些意興闌珊，沒一開始那般熱衷了。要說原因，大概是從東京來店消費的那些高收入的客人，淨是點些高價紅酒，眼睛眨也不眨就開瓶暢飲。B壽司店因而營收長紅，但也感覺得出有些不同於以往的變化。

那天，一邊安靜地品嚐著紅酒，一邊單獨享用壽司的C先生，比我預期還早就向老闆表示要結帳。他結帳時並沒特別向老闆說些忠告之類的話，只是臉上掛著一抹微笑，結完帳就步出店門逕自離去。這一幕讓我多少感到些意外。

大約半年後的某天，我在一家餐酒館偶遇C先生，我一直對那天發生在B壽司店的事有些在意，所以便問了他。結果他是這麼回答的：

「光靠賣些昂貴的紅酒衝營業額，就只會記得錢有多好賺。這樣的店家看來是找不回創業階段的堅持與初衷了。不論跟老闆說什麼他應該也聽不進去。

我能做的就是安靜離開，再也不去了而已。」

如果只是一時迷失自我，那就值得給予忠告，話講得再難聽都無妨。但若已變成兩條平行線，那就安靜離去，無須留戀或不捨。京都的旦那眾，不僅止於單純的好惡，心目中孰裡孰外可是分得一清二楚。這就是他們令人心生畏懼之處啊！

雖然這群人叫旦那眾，但可不限於大老闆或有錢大老爺。像是前面所舉的學者，或如律師、醫師、和尚等各種職業都有。總地來說，他們不是去花錢享樂而已，而是真摯地與料理人互動搏感情，對京都店家而言是良師益友般的存在。但很遺憾的，這樣的人日漸凋零。取而代之的，是一群群裝成美食家的暴發戶。結果就是，出現了一間間的店家，把做料理搞成是賣吃的。

帶來負面效果的外地食客

同樣是有錢客人，其實還可分成兩種類型。第一種類型的客人見多識廣，知所進退，以交朋友的心態與店家來往。第二種類型的客人花錢如流水，與店家往來的目的是希望被當成重要人物被款待。

第一種類型的客人，與京都的旦那眾有著不少相同特質。他們會主動承攬起培育店家的責任。

第二種類型的客人，別說是培育了，他們的所作所為簡直就是硬生生摘下成長中的嫩芽。他們最大的特徵，就是一股腦兒稱讚店家，不討好的建議，絕口不提。最大目的就是藉著盛讚對方，拉近自己與店家或料理人之間的距離。

在日本，所謂有錢客人，其實與外國的有些不一樣。日本的有錢客人，多是由資訊科技業或電商等，所謂現代當紅產業的高階主管，還有明星藝人等知名人士所組成。他們透過美食旅遊而相互結識，甚至共組同體，持續為尋覓美食而活動。

對於這群已經名利雙收的人生勝利組而言，成為京都名店的忠實顧客，並與老闆和老闆娘建立濃厚的私人情誼，是他們想追求的另一種「地位」。他們感興趣的名店，包括割烹、壽司店、創作料理等。不過據說對料亭倒是沒太大興趣。最近聽說洋食餐廳及肉料理專門店也成了他們的目標，但不論什麼料理、哪家名店，他們最看重的，就是「不好預約」或「會員制」兩個關鍵詞。換句話說，店家得設道門檻，而且門檻越高越好，高到普通人根本別想進來。

在這樣的名店消費，才有可能讓旁人羨慕到不行。將在名店享用美食的照片放到各大社群網站，得到超多按讚數，才是他們真正想要的。

另外，一些新開幕、尚不為人們所熟知的新店，也會變成他們的目標。不過拜新冠疫情爆發之賜，這些有錢客人沒法像以前一樣，四處追著名店或新店跑。疫情沒有緩解，倒是緩解了這群人的行動力。儘管如此，三不五時仍聽得到他們到處分享新店開幕的消息。

在疫情擴大前，新店開幕風潮正盛，幾乎每十天就有一家新開張，有同一集團旗下新開的餐廳，也有在知名餐廳修業的料理人獨立後自行開店的。

一有新店開幕，有錢的客人便會聞訊趕來。這些人到了店裡，東一句「有夠讚！」，西一句「超棒的！」總之就是誇個不停。店家也投其所好，在裝潢、燈光、器皿等下足了功夫，營造出上流社會的貴氣氛圍。

特意營造的貴氣氛圍、限定少人數入店、高價的廚師發辦菜式，可說是這類型餐廳的三個基本元素。地點倒沒有太講究，只是店裡店外一定要洋溢著高級感。所以這種餐廳鎖定的目標當然是有錢人，而非一般庶民階層。在令和元年之前，這類型餐廳如雨後春筍般出現在京都市區內。

來店的客人當然也有京都本地人。但最主要的客源，幾乎都是不遠千里而來的外地食客。不過疫情爆發後，「不必要」的外出與移動大幅減少，以致這些餐廳營業額大減，前景堪憂。

疫情帶來的變化還有一項。原本想獨立開店的年輕料理人，現在只好乖乖地待在原本餐廳，繼續進行所謂的修業。這也令許多餐廳大呼意想不到。

這麼說來，疫情爆發前的京都，其實是處於不正常的狀態。

大批獨立開店的料理人，年紀介於三十至三十五歲之間，入行未滿十年，修業只有幾年而已，可是他們很敢開價，晚餐時段價格直接設定成一個人三萬至五萬日幣。儘管如此，開店以來天天客滿，想預約，最快都只能選擇一個月之後的日期，之前在京都，這種情況可是想都不敢想。

一直以來，想在京都想獨立開業，起碼得修業十年，就算擁有修業十五至二十年的資歷，獨立開店後，料理價格設定也不能高過原東家，要不然就的是不成體統！此外，要獨立開店就要有覺悟。可能一、兩年後就會門可羅雀，盛況不再。變黑的白銀依舊曖曖內含光，閃亮的鍍金卻是極易褪色。要開店，當以前者為尚，後者為誡。這是京都料理人一直以來的常識。

所以說，今天京都料理界的怪現狀，真的就是外地食客帶來的負面效果。

目睹過這一切怪現象的料理人，儘管覺得冗長又沉悶的修業不勝其煩，但今後也只能耐住性子按部就班，該怎樣就怎樣。

如此看來，這場疫情雖然惹得天怒人怨，卻也使得一些偏差的物事走回正軌。原來，疫情也能帶來意外的正面效果啊。

新冠疫情讓京都美食力更上一層樓

毫無疑問，這波新型冠狀病毒帶給餐飲業沉重一擊。當然，重創後倒地不起的，並非只有京都。事實上，這是舉世皆然的慘狀。

為了對抗這樣的挑戰，料理人是怎樣發揮京都美食力的呢？

最具代表性、也最衝擊的一例，就是全京都數一數二，擁有悠久歷史並曾獲米其林三星肯定的某家料亭，竟將拉麵這樣的庶民食物列入菜單。

在全京都屈指可數的米其林三星餐廳中，不論比的是歷史傳承還是在餐飲界中的地位，這家料亭都足以傲視群雄，因此，他們推出拉麵的消息，撼動了整個京都，立刻成為餐飲界與在地人茶餘飯後的熱門話題。

這就像是具有悠久歷史的寺廟，居然在大雄寶殿裝飾了聖誕樹。當然，正反雙方的意見唇槍舌戰起來。

「我平常是不大吃拉麵的。不過既然是那家推出的拉麵，應該就會找個機會試試。」這種聲音來自友善的正面意見。「老舗料亭賣什麼拉麵嘛！簡直就是自己砸了那塊歷史悠久的招牌。」反方意見裡也聽得到這麼嗆辣的聲音。

儘管各方意見激烈交火，人家拉麵銷售額卻是扶搖直上。據說令和二年八月開始，在群眾募資網站上進行試賣以來，已經賣出千份以上。

網路上小試身手就獲得成功，店家大受鼓舞，決定從當年十一月開始於實體店面展開販售。在電商通路上，他們的拉麵也成為當紅人氣商品。這樣的結果不論對店家或消費者，都是可喜可賀之事。

這碗拉麵的湯頭，是利用鯛魚骨加上大量蔬菜熬製而成。佐以鯛魚肉片、九條蔥、麩等配料。一組內含兩客拉麵，售價日幣五千四百圓。儘管拉麵的一般行情一碗才頂多幾百日圓而已，但人家訂出這樣數倍的價格，卻仍能榮登當紅人氣商品。偉哉啊！這就是京都老舗料亭的美食力！

老舗料亭使出這麼一招，真的沒人料得到。這究竟是為了應付疫情的權宜之策，或是根本性的戰略轉向，目前還看不清楚。唯一可以肯定的是，京都的美食力，能屈能伸，潛力無窮。

說起京都的「綜合生魚片拼盤」

在京都美食界，偶爾會有一些新穎料理迅速嶄露頭角，然而正規養成，需通過長時間考驗，方能被賦予京都美食之認證。

就像水滲入乾土堆，若乾土堆要成為濕漉漉的黏稠泥土，肯定需要假以時日方可成就。要成為萬眾矚目的京都名物，亦復如是啊。

京都離海較遠，向來與新鮮海產緣淺，那麼比較有緣的漁獲有哪些呢？首先是海鰻，由於生命力旺盛，即使長時間運輸也不至於被折騰到要死不活。再來是馬頭魚，在產地撒上一層薄鹽醃漬，送抵京都後，做成鹽烤馬頭魚，最為經典。還有鯖魚，用醋漬鯖魚片做成鯖壽司，今日已發展成京都名物。此外，其他魚類不適合長時間運輸，難以保持鮮度，故甚少出現在京都美食之列。

再舉一例。散壽司（ちらし寿司）在其他地方多會放入魚類海鮮，但京都的散壽司則是將魚板、香菇、蛋絲、瓢乾等與醋飯混在一起。基於此現狀，在京都賣生魚片的店也非常少見。因為京都人總覺得，加工後的魚類製品才能匹配得上他們引以為傲的京都料理。

但不知從何時開始，販賣海鮮丼的店家也悄然進駐京都街頭，而且在短時間內發展成為排隊名店。綜合生魚片擺滿整個大碗公的海鮮丼，成為這些店的主打商品。

更誇張的是還不只有一兩家而已，好幾家販賣海鮮丼的店家相互競爭，爭搶人氣。不論怎麼看，都教我們這些老京都驚愕不已。

對老京都而言，在京都點個生魚片拼盤，任誰都會認為端上桌的應該是一整盤明石鯛生魚片。

「吉兆」被稱米其林三星料亭之雄，其創始者是湯木貞一先生。「千花」則是將京割烹的內涵昇華至今日規模，其第一代老闆是永田基男先生。不論湯木先生或永田先生，在他們眼中，講到魚就只容得下明石鯛而已。為了取得最上乘的明石鯛，兩人總是各顯神通相互競奪。

約莫三十年前，我曾向一位割烹名店老闆點了一道綜合生魚片拼盤。雖然那位老闆現在已不在人世了，但我最有印象的是，擇善固執這四個字，簡直就是刻在他額頭上一般。到今天我還清楚記得，當他聽到我點的是綜合生魚片拼盤後，一臉嚴肅地對我說：

「只要客人點了菜，我就沒有不做的道理。只是做歸做，我還是得跟您說清楚。那種到魚市場食堂才會點的東西，來我們這種店吃好像不大合適吧？綜合生魚片拼盤就是擺滿五顏六色各種魚片，這風格與我們京都的割烹店，實在是不搭。」

聽完他的話，我當然不會再堅持什麼綜合生魚片拼盤了，立刻改點鯛魚生魚片。老闆說的一點都沒錯。對於京割烹而言，生魚片就得是一整盤擺放著同一種魚肉，甚至是同一條魚的魚片才行。另外，必須是淡粉的白肉魚片，看起來才有高雅的感覺。若是綜合生魚片拼盤，看起來感覺雜亂無章。有些魚片還會呈現血紅色或暗紅色，令注重美感與氣氛的京都人心生厭惡。

隨著時代變化，一般人對生魚片定位的看法，也與過去不同了。現在潮流早已不再專以鯛魚為尚。儘管如此，對京都的料理人而言，製作生魚片非用鯛魚不可，仍是根深蒂固的觀念。

或許該這麼說，把料理堆得像座小山似的擺盤方式，本來就與京都美食的氣質不合。日文中「天盛（天こ盛り）」這樣的詞彙，意指將白飯上的配料不斷往上堆疊，宛若高聳入雲，直達天際。這種裝盛料理的方式，或許在其他地方很受歡迎，但京都人不買單。因此，現在蔚為風潮的烤牛肉丼，就非常不像是會出現在京都人餐桌上的料理。

話雖如此，不明就裡的觀光客，依舊會在這種標榜「天盛」的店門口大排長龍，興奮嚷嚷著沒吃到烤牛肉丼就枉來京都一趟。若是在東京或大阪，這種情緒我還能理解，但專程跑來京都排隊吃烤牛肉丼，還真是令人莫名其妙。除了烤牛肉丼，牛排丼也在近幾年大行其道。唉，只能說真正的京都風格，似乎已隨歲月的流逝而日益稀薄。

不知不覺間，京都名物開始從商業午餐發跡

這幾年，海鮮丼和生魚片定食大行其道，延伸出一個值得關注的趨勢，那就是這兩種食物幾乎都會出現在商業午餐的菜單中。

其實很多原本沒沒無聞的京都料理或美食，都是因為先被當作商業午餐的選項

之一，接著才一夕爆紅。這是這幾年固定的操作模式。

很多專攻商業午餐的料理人所開的人氣餐廳，經常引發一波波美食風潮。當然，這現象也不只出現在京都。這樣的人氣餐廳，若午晚都有營業，午餐價格一定比晚餐便宜得多。若晚餐要價一萬日圓左右，午餐價格就會落在三到五千日圓左右。大多數的餐廳都是這麼設定的。

很多消費者希望以有限預算多跑幾家餐廳，順便滿足自己秀美食照的小願望。對這些人而言，這種提供廉價午餐之人氣餐廳就是最佳選擇。與其花一萬日圓只能吃到一家餐廳，還不如拿去跑三家，點三套商業午餐。這是小學程度的數學比較題，想必不會有人反對。

再往下降一級的商業午餐，價格落在一千日圓左右。拿剛才晚餐的一萬日圓再換算一次，可以跑十家餐廳、點十套不同的商業午餐了。如此看來，商業午餐大行其道也不是什麼奇怪的事。潮流如此，海鮮丼或生魚片定食，也順理成章躋身到商業午餐菜單中。

CP 值原是商業用語，時至今日，已是任何人都能朗朗上口的日常用語。講究CP 值之所以重要，是因為可以從消費者的角度對店家定調，簡單畫分成好與壞，區分出超值或不值。

在這個背景下，來談談生魚片。

日本料理的特徵之一，就是在價格高低的光譜上，存在著好幾個等級。在一些料亭或高級日本料理店，晚餐時段的懷石料理可能要價五萬日圓左右。但在有些日本料理店裡，花個一千日圓左右就能點套商業午餐，而且是還頗像樣的定食。一間日本料理店，究竟該定調為高級或普通，與其位置、環境、建築、內裝、器皿等要素息息相關。反之，專賣商業午餐的店，只要CP值高就是王道。因其顧客大多是吃完一家換一家，上述諸要素根本不列在評分表上。

回到海鮮丼和生魚片的話題。

在日本，除了京都以外，不論深山或海邊，甚至在都會裡，生魚片都被視為高價料理。話說從前，就算位於深山中的旅宿，也要準備鮪魚生魚片作為晚餐中的一道菜餚，否則住宿客人無法接受。雖說這種現象已持續減少，但也說明了生魚片的高貴性及高價性。

再如電視旅遊節目或美食相關綜藝節目，只要進到生魚片上桌的畫面，一定引起現場來賓歡聲雷動。對日本人而言，生魚片就是日本料理中永遠的第一名，也可說是日本料理中的主菜。不過我要再重申一次，京都是唯一例外。

京都人眼中的日本料理，除了應以優質食材入菜之外，更重視料理人卓越的調理技術，但不論是綜合生魚片拼盤或海鮮丼，都不存在讓料理人發揮廚藝的空間，也因此，京都人對生魚片向來保守，不願予以過度重視。京都人幾乎不會視生魚片為宴席中的主角，或說將端出生魚片視為賓主盡歡的待客之道。

經過如此說明，各位讀者應該就不難理解。再向各位揭露一個小祕密，平價海鮮丼或商業午餐中的生魚片定食，其實是針對外地人所設計的。

我說的「外地人」，包括「住在京都的人」。表面上是住在京都沒錯，但論其內在，是百分之百的外地人，這樣的人還真不少，對他們而言，天塌下來都沒有CP值高來得重要。

還有，若問他們怎樣的店才是心目中的人氣餐廳，十之八九會這麼回答：若是丼飯類，就要生魚片或肉片多到蓋住白飯，甚至多到快掉出來才算數；若賣定食，那不管生魚片或天婦羅，一定要整個盤子裝到滿。最重要的是，花個一千日圓左右就能吃得到，這是先決條件。

為經濟帶來正面效果的「京都居民」

其實，重視CP值的傾向不僅存在於觀光客，許多京都居民最近也愛跟風，開口閉口就是CP值。還是要強調一下，我說的「京都居民」，並不見得是京都在地人，而是「住在京都的人」。

來到京都的觀光客，一看到店門口有人排隊，總會覺得先排先贏，管他前頭是在排什麼。就算沒看到排隊人潮，想到網路上曾看過許多該店相關情報或討論，也會覺得該先下手為強。這些都不是正統京都人會有的行為模式。對於這些外地人的舉措，正統京都人只能頻搖頭，直呼無法想像。

為什麼觀光客或外地人會有這些行為呢?答案其實很簡單，一言以蔽之，就是因為社群網站的存在。

臉書等社群網站上有多到不行的美食社團。京都也有很多追逐美食的同好團體。不論網路社團或實體團體，成員中也有許多是京都居民。他們很熱衷於向其他成員，尤其是「真正的外地人」，分享京都美食及餐廳等相關資訊。若觀察一下他們的互動模式，會發現一個有趣的現象。

那就是，京都居民對於團體中其他「真正的外地人」，會不自覺地擺出高人一等的姿態。

比如說，外地人X先生來到京都，藉行程之便，順道造訪知名度頗高的〇〇餐廳，享用一套商業午餐，並覺得確實如傳說中美味。於是將菜色、感想等，圖文並茂發布在社群網站上。京都居民Y小姐看到這則貼文，便在底下留言：

「X先生，您去〇〇啦！果然不錯吃吧。下次若還有機會，請務必也去趟△△，相信您會更加感動喔！」

Y小姐的留言，固然是真誠推薦美食，但也清楚透著一股訊息，那就是：

「去趟〇〇就高興成這樣，真是幼幼班等級。人家我可是知道更棒的店呢！」

這類互動，已成為網路上美食社團的日常。許多住在京都的社團成員，也自覺要比非京都居民的外地人知道更多美食情報，才不負自己的京都居民這個響亮的身分，所以沒事就想多跑幾家店、多點幾道菜，累積過人的情報量。也只有這樣，才能繼續擺出高人一等的姿態。

所以，當他們聽到有哪家餐廳要開幕了，總覺得若沒比外地人早一步，就沒法在人家的留言上大肆評論一番。也因此，他們很願意提早做好一切準備，一有情報就衝去排隊。

天下沒有白吃的午餐。想要在外地人的發文上囂張留言，想要用指導姿態與外地人互動，京都居民們當然也得付出一定成本。正是他們因虛榮感作祟的消費行為，帶來了京都飲食業的繁榮昌盛，意外產生正面的經濟效果。

之前熱銷的《討厭京都》這本書，作者認為在一般人的思考模式中，會很直覺地將「正統京都人」與「京都居民」區別開來。該作者進一步提到，他感覺得出「正統京都人」會歧視「京都居民」，說到底，這只是他的看法。藉此機會澄清一下。我確實會對兩者進行區別，但絕沒有任何歧視的意思。

而且，這也不是京都獨有現象。全日本，甚至全世界，都找得到很多類似的例子。在東京，有所謂「江戶子」，在巴黎，有所謂「老巴黎」，在紐約，有所謂「紐約客」。

這些人的氣質與思考模式，都有濃厚的在地風格，也深深受到其出身地影響。

他們以該座城市為榮，並呈現出一種與城市息息相關的生活模式。儘管如此，我們不會把所有住在東京的人都稱為江戶子。相同的，也沒必要把所有住在京都的人統稱為京都人。

若這個前提是成立的，當您看到有些人愛跑商業午餐專門店、CP值嚷不停、分不清什麼才是京都風格的美食卻直誇，您一定也無法將他們劃歸為正統京都人吧。

最近還有一個趨勢。京都居民很喜歡把某些物事吵得沸沸揚揚，搞得全天下以為所有京都人都這樣。再重申一次，不是正統的京都人，而是「住在京都的人」才會這樣搞。

最明顯的例子，就是海鮮丼的超人氣，與其所造就的排隊人潮。正統的京都人是不會來摻和這種事的。

京都人不可能對餐具沒興趣

理所當然，京都人還是會重視價格。只不過，京都人所重視的價格，並不等於所謂的CP值，兩者區別天差地遠。區別在哪裡呢？容我舉一段烏龍麵店裡的對話來說明。

「來這家店吃烏龍麵真是超值！柴魚高湯甘甜又鮮美，炸豆皮也吃得出濃郁的豆香味。」

「真的！最近很多店都把豆皮烏龍麵價格訂在一千日圓左右呢。這家的訂價雖然沒有特別便宜，但用料實在，而且店內所使用的餐具也很棒。你看，餐具上的花樣是不是跟這個季節很搭呢？來這家店真的很超值！」

京都人常掛在嘴邊的，不是CP值，而是「超值」。

京都人所關心的，不是幾道菜或者份量多少的問題，而是關心所使用的食材是否對得起這個價格。若通過了京都人心中的那把尺，那京都人就會以「超值」這句話來表達心中的肯定。

只關心CP值的人，對餐具的選擇及店內裝潢漠不關心。反正只要盤子裡的食物夠多，多到讓人感覺吃到賺到，吃越多賺越多，那就是間好店。但京都人是無法接受這種價值觀的。不只消費者不接受，就連店家也不會接受這種經營模式。

是啊，「京都人開的店」與「開在京都的店」，兩者間的差異確實如天壤之別。不過詳細內容在第三章便乘力那部分已說明過，這裡就點到為止。

話說回來，一個料理人，難道只因活躍在京都的老舖料亭裡，就會對所有京都人關心的物事瞭若指掌？我想也不盡然。別說瞭若指掌了，恐怕根本是漠不關心。就我所知，很多活躍在京都餐飲界的料理人，其實對餐具的選擇及用餐環境的經營等不感興趣。他們在乎的，只是挑選食材的眼光及廚藝的精進而已。一般常說，以餐具、器皿搭配季節，方能成就日本料理之風雅。儘管京都人不可能對餐具沒興趣，但很多料理人是真的無感。

某位經營餐飲連鎖店的社長，本身也是部落客。我曾在他的部落格中，看到一篇非常有趣的文章。由於新冠疫情的影響，餐飲業遭受到慘痛的打擊。在那篇文章中，社長先敘述一下眼前的慘況，並在其後寫下這麼一段話。

「某一天，一位來自京都老舖和食店的料理長來本公司應徵，我與他面談。那家老舖和食店曾獲米其林三星殊榮，而這位仁兄其實是東京分店的料理長。面談時，我就一年中各個時節及餐具器皿等相關事項提問。結果他完全答不出來。很遺憾，結果只能不錄取。」

我與這位社長曾有一面之緣，不覺得他是一位會說謊的人。那次會面時，我對他率直的說話風格留下深刻印象。所以部落格上寫的那段話，我認為應該也不是為了提高流量而偽造的經驗談。

年中時節的相關知識及對餐具器皿的關心，可謂投身日本料理產業者不可或缺的基本技能。但貴為三星級老舖和食店的料理長，居然回答不出相關問題，剛聽到時我也無法置信。但仔細想想後，卻又覺得這是理所當然的結果。

其實，我曾到過社長所說的那間三星級老舖和食店去用餐。記得當時，我就對眼前所發生的一些怪現象感到不解。

我點的是晚餐時段的懷石料理。前半段還好，但後半段開始我就覺得不大對勁。當我看到盛放燒物的器皿時，我相當驚訝，沒想到端上桌的餐盤，居然是上下顛倒。

我心中嘀咕，這豈是老舖料亭該出現的現象？但接下來的幾道料理，也讓我多少看到一些不該發生的問題。所以我只能下個結論：這家店不過爾爾。

若說三星級老舖料亭也不過這般水準，那其他等級更低的能有多大出息，也是可想而知。看來，我原本認知的京都日本料理界，已經開始發出崩壞的鳴響了。

若原有的秩序開始分崩離析，那肯定有亂世梟雄趁機冒出頭。確實有，那就是最近超火紅的海鮮丼及生魚片定食。

餐飲業者的人際網中，不只有縱向的聯繫關係，橫向也非常發達。一有市場小道消息或消費趨勢的情報，業者立刻就能透過人脈而知悉。例如，京都已有幾家人氣割烹，開始把原本拿手的土鍋炊飯稍加變化，以小型海鮮丼的姿態登上食桌。京都店家反應速度之快，讓人由衷佩服。

確實，眼下京都的日本料理，已和過去的面貌有所差異。儘管如此，倒也不用擔心有什麼反彈的聲音。京都的美食力，原本就擅常將故有美味隨時代變革，最終將所有的改變內化更成豐富的養分。

「什麼海鮮丼嘛！那玩意兒跟京都不配啦！」

一邊這樣嚷嚷著一邊點菜的客人，卻在不知什麼時候，也跟別人一樣點了海鮮丼。

來說些與美食較無關的話題。但我要先點出，京都就是藉由不斷重複這樣的過程，才能不斷成長茁壯。

對於所有京都人而言，聳立於京都車站前的京都塔，已融入京都日常，變成理所當然的存在。然而當年京都塔興建計畫曝光時，整個京都可是正反兩造激烈論戰，而且反對派聲量還蓋過支持派。

「幹嘛學東京去蓋什麼塔？京都有傲人的五重塔，已經是一百分了。總之用不著花那麼多錢蓋京都塔啦！不管蓋成什麼樣子，反正看了就礙眼！」

這類意見在當時可說是壓倒性多數，但實際建造完成後，反對的聲浪卻立刻消停。當初那麼惹人厭的京都塔，後來反倒成為京都的象徵，受到所有京都人的喜愛。

我當然不是說，發生在京都的所有變化都會像是京都塔的例子一般，但能肯定指出，京都正是不斷重複這般新舊勢力的角力過程，方得以成就今日的偉大。不知不覺間的小變化不斷積累，最終呈現在世人間的，就是令人讚嘆的改頭換面。

新冠疫情造就餃子專賣店的出頭天

在不知不覺間成為京都名物的，除了海鮮丼之外，還有餃子。

「餃子的王將」正是發源於京都的全國性連鎖店。這個事實好像昭告全天下，京都人酷愛餃子。能否稱得上酷愛不好說，但餃子確實從以前開始就頗受京都人歡迎。只不過，這麼長一段時間裡，好像從沒看過餃子一夕之爆紅的例子。另外，街頭巷尾也看不到幾家餃子專賣店。

「餃子的王將」創業於昭和四十二年。四年後的昭和四十六年，「Mr.餃子（ミスター・ギョーザ）」也開幕了。之後很長一段時間裡，就是兩強相爭的時代。京都人若想吃餃子，就會在兩者中選一間。或將選項再加上中華料理店「珉珉」，來個三選一。

除了這三間中華料理店之外，其他沒點到名的中華料理店或拉麵店，也都有提供餃子。只是記憶中，真的沒有看過專賣餃子的店。

喜愛餃子這種食物的，不分男女老少。許多人也視餃子為家裡餐桌上的常客，百吃不厭。只不過，吃餃子這件事一直停留在日常飲食的層次，未曾引爆風潮。

很意外地，新冠疫情來襲後，風潮引爆了。一股莫名的餃子熱在京都燒了起來。

其實在疫情來襲前，已經看得到一些餃子熱的徵兆。緣由是電視上介紹縣民性的綜藝節目。節目中聚焦在各地頗具代表性的美食，並稱之為「縣民食物」。京都篇的縣民食物，自然就是餃子了。

受此影響，許多京都人再度把目光轉向以餃子聞名的中華料理店。他們感興趣的，不是這陣子才開幕的新店，而是佇立在街角多年，創業以來一直持續經營的老店。東山三條一帶有家叫做「マルシン飯店」的中華料理店，正是其中之一。

這家店我也很喜歡，曾多次專程前往。該店最與眾不同的一點，就是其營業時間。

每天早上十一點開始營業，直到隔天清晨六點點才打烊，一天中只休息五個小時。以京都之廣，要再找家一樣長時間營業的中華料理店，基本上不可能。對消費者而言，只要肚子餓了，隨時都能來此飽餐一頓，實在是件很幸福的事。午餐當然沒問題，就算在祇園喝到深夜，也可以來這裡吃個天津飯再回家。

我很喜歡吃天津飯。不過其他如炸雞塊、餃子、炒飯等也算小有心得。這家店雖然把菜單上每項料理都做得很棒，但餃子似乎特別受消費者青睞。不知不覺間，店門前已排起專為餃子而來的長長人龍。

或許就是這個原因，世人開始形成一個印象。那就是京都人對餃子存在著非比尋常的熱情。這也導致了其他領域的料理人跨足到餃子事業來。

疫情的第三波高峰襲來時，某位專長為法國料理的主廚開了一家餃子專賣店。或許讀者會說，法國料理主廚滿街跑啊，看不出這有什麼稀奇。但不好意思，這位主廚可是每年都從米其林指南摘到星星，而他發揮所長的舞台，也是京都一家超高人氣的法國料理餐廳。

法國料理的主廚，在鐵板上煎餃子？怎麼想都覺得這畫面不大真實。但換個角度想：或許唯有京都，不僅能讓這畫面成真，還能讓這新行業一炮而紅。

老鋪料亭賣拉麵，世人多視為權宜之策。世人是否也該適時改變看待這個世界的角度呢？為了賣餃子去頂下一間店面，恐怕不能再看做是權宜之計。何況人家所頂下的店面，還是原本經營餐酒館的廣大空間。這樣轉跑道，應該不是一時興起，而是懷有滿滿覺悟及必勝決心。

在本章完稿的這個時間點，老鋪料亭的拉麵與餃子專賣店究竟能否成功，其實尚未有論定，但可以肯定的是——唯有京都的美食力，才可能催生出這般新鮮多樣、不按常理出牌的飲食風景。

第五章　京都的消災解禍力與復興力

新冠病毒的出現，使全日本，不，全世界都陷入極度混亂中。以觀光業為主要經濟支柱的京都更深受重擊，對比疫情爆發前的繁榮昌盛，如今的冷清寂寥令人感慨萬千。媒體曾以「蕭條的京都」為主題，透過採訪伴手禮店、餐廳、旅宿等觀光產業從業人員，將他們無奈的嘆息傳播到全日本。

疫情爆發前，每年大批外國旅客造訪京都。觀光從業人員還一邊處理應接不暇的訂單，一邊歌頌著屬於自己的繁華盛世。怎料這波突如其來的寒冬，將他們凍得瑟瑟發抖。

基本上，京都這座城市只吃觀光這碗飯。這種說法雖嫌粗略，但很能抓到問題的本質。所以，觀光客來得多，京都就能富庶繁華；觀光客來得少，京都只能坐吃山空。

京都旅遊風潮盛行多年，一開始是由JR東海所推出的活動「對了！去京都吧！」帶動起來，使京都成為國內旅遊熱門景點。而這股風潮是如何擴展至海外的呢？

根據二〇〇一年京都市觀光調查，當年造訪京都旅客數高達四千一百三十二萬人以上。而旅宿業的登記資料推算，其中的外國觀光客，僅約三十八萬四千人，還不到全部的百分之一。

七年後的二〇〇八年，當年造訪京都市的觀光客人數達到五千零二十一萬人。不但突破五千萬大關，整體趨勢還持續增加。其中特別引人注目的是外國觀光客的宿泊者人數，一年內居然有高達九十四萬人投宿在京都市內的旅宿設施，也就是外國觀光客在七年內增加了二點五倍！

觀光客人數雖然大幅成長，但或許受景氣影響，之後幾年就看不到明顯的增減，約莫停留在同一水平。

進入二十一世紀後第十九個年頭的二〇一九年。這一年最受矚目的大事，就是年號從平成改元為令和。當年度，京都喜迎五千三百五十二萬人的觀光客前來造訪，其中最令人注目的，就是外國觀光客的急遽增加。當年投宿於京都的外國觀光客高達三百八十萬人。比起二十年前成長了十倍！而所有觀光客數是一千三百一十七萬人，外國觀光客佔了三成之多。

長期住在京都，確實感覺到周遭外國人變多了。但實際看到這些數字，才真正領悟到所謂「外國觀光客急遽增加」是有多急遽，增加幅度有多大。常聽到有人說「京都車站裡全是外國人」，這描述一點也不為過。

逐年增加的觀光客大大滋養了京都，只是，觀光客所帶來的經濟效益，並非雨露均霑分配給所有市民，事實上，真正獲得好處的只是少數人。甚至對一般市民而言，觀光客增加往往只是平添日常生活上諸多不便。

第一章曾提到，這幾年出現的「觀光客超載」，使京都輿論二分，歡迎觀光客與限制觀光客這兩種聲音相互攻防。觀光產業從業者當然屬於歡迎派，而其他與觀光產業無關的一般市民則是哀鴻遍野，希望觀光人數不要再增加。行政機關也為難，手心手背都是肉，何況公說公有理，婆說婆有理。

時光匆匆，兩派仍持續較勁中。不知不覺，二十一世紀過了二十個年頭。令和二年發生了前所未有的嚴重事態，兩派人馬無不人人自危。對於觀光客，該歡迎或限制的議題，現已無人有興致討論，因為整個京都已看不到觀光客。令和二年帳面上的觀光客數字，會是多少呢？

看著這個數字，腦中忽然浮現出《平家物語》開頭的一段文字。

「驕兵必敗，彷若春夜之夢，不得長久。」

平安京的抗疫，從神泉苑開始

很多京都人說，這次新冠病毒的擴大感染，是有生以來不曾經歷過的嚴重疫情。但若把時間拉長來看，歷史上京都確實曾受過好幾次瘟疫威脅，也遭受過好幾次毀滅性打擊。

因疫情擴大而遭遇毀滅性打擊的，主要都是人口密集、與其他地方密切交流的大都市，例如紐約、倫敦、巴黎等，所遭遇的重創也是不慘不忍睹。若把歷史指針往回撥到中世紀，會看到當時的京都，也曾經歷類似慘況。

中世紀的京都稱為「平安京」。在很長一段時間裡位處天皇腳下，貴為日本首都。既是首都，又是全日本第一大都市，各種生活機能完備，理所當然吸引許多人在此居住，每天也有許多人為了各種目的進出這座大都市。因此，一旦疫情爆發，京都也將首當其衝，成為感染最嚴重的地方。

即使科學發達的今日，人類面對天災人禍時仍有無能為力的感慨。事先無力防止，事後無力控制，只能坐等災難自行消停。何況是發生在古代的疫情，局面會是何等悲慘，不難想像。

既然中世紀的醫學及科學都無能為力，當時所能依靠的，就只剩神佛了。不靠醫學根治疫病而靠神佛驅散疫情，透過儀式向神佛祈願，有時也能幸運獲得短暫的天下太平。慢慢地，這些儀式就轉變為祭典。

日本三大祭其中之一的祇園祭，就是典型的例子。

西元八六九年，時值平安時代前期的貞觀十一年，整個平安京正苦於疫病大流行所帶來的嚴重打擊。當時疫情究竟造成多悽慘的光景，因為沒有留下可信的文字紀錄不得而知，但相較於眼下的新冠疫情，想必嚴重多了。

無論做什麼事都遏止不了疫情擴散，再這樣下去，整個平安京只能化為一片廢墟！面對這般迫切危機，官民一體、同舟共濟，然而能做的真的有限，最後只剩下向神明祈願這條路，盼望藉神明的力量順利度過危機。

不過，要向神明祈願，也先得有個合適之處。官民討論的結果，決定選在佔地廣大的「神泉苑」舉辦儀式以迎接神明，祈求疫病退散。

當時神泉苑境內有一大片水池，水池之大，足以吸引朝廷公卿不分四季在此乘船遊樂，不僅如此，還坐擁大面積的森林，森林中甚至設有獵場，足見其腹地寬廣。因此只要朝廷舉行祈求儀式，幾乎都選在這裡。

祈雨對決——空海 vs. 守敏

據傳，第一次在神泉苑舉辦的祈求儀式，是由弘法大師空海所主持的祈雨儀式，發生時間較前述那場疫情早了近五十年。西元八二四年，京都遭遇嚴重的乾旱。依據那個時代的觀念，若大旱不止，解決之道就是舉辦祈雨儀式。

只是，單單舉辦個儀式，恐怕無法引起京都人的興趣，也不足以表現朝廷祈雨的誠意。於是決定加碼，由兩位僧侶進行祈雨對決。

對戰的兩位，分別是弘法大師空海與守敏僧都。空海是「東寺」代表，守敏是「西寺」代表。

當時平安京內就只有「東寺」與「西寺」這兩座寺廟。羅城門位居平安京中軸線一端，兩座寺廟隔著羅城門，分別興建於左右相對應的位置上。

儀式開始，守敏先攻。然而不管他怎麼祈求，都是滴雨未降。祈雨一直進行到第十七天，才稀稀疏疏下了一丁點，頂多是地面濕潤的程度，對於解除乾旱一點兒幫助也沒有。

接下來輪到空海出場。出場前，空海做了萬全準備。儘管他誠心地祈禱，卻依舊滴雨未降。空海對自己的法力一直很有自信，看到這個結果，不禁開始懷疑事有蹊蹺，在心中吶喊：不該這樣啊，太詭異了！原本我就法力無邊，加上這次已經用力做到這般地步了，應該會成才是啊！

空海非常想知道問題究竟出在哪裡，打開心眼進行調查。終於，心眼看到的一幕讓他恍然大悟。原來是守敏施咒，將負責降雨的龍神禁閉起來。難怪他再怎麼努力也無法成功。

為此，空海施展法力，在諸多龍神中找到了「善女龍王」。善女龍王道行更勝一籌，所以能從守敏的禁錮咒逃脫。空海請善女龍王移駕到神泉苑，再度展開祈雨儀式。不一會工夫，善女龍王化身為一條大蛇，從神泉苑的巨池鑽出，直衝天際。緊接著，天空突然烏雲密布，接著便開始下起豆大的雨滴。雨勢猛烈，淅瀝嘩啦連下三天，旱象解除，空海大獲全勝。

這就是有名的「神泉苑祈雨對決」。從那之後，只要任何災厄降臨到平安京，朝廷便會在神泉苑舉辦祈求儀式。

故事還沒完！京都的故事深奧得很，可不是三兩下就說得明白。

造訪京都的旅客常有一個疑問。為何「東寺」名列世界遺產，「西寺」卻消失到連個影子都看不見？

答案與前面所述的祈雨對決有關。

守敏一心求勝，不擇手段，想當然，東窗事發後，聲勢自然沒落，連帶影響西寺參拜香客大減，恐淪落為廢寺。守敏不甘坐以待斃，心想：反正千錯萬錯都是空海的錯，只要空海消失，一切就問題就都沒了。

這位鬼迷心竅的僧侶，開始策劃暗殺。

某天黃昏，守敏埋伏在南大門暗處，等待空海回到東寺的時機，打算只要空海一現身，立刻射箭殺之。

空海出現了。守敏搭弓射箭，順利射中空海背後。沒想到，真正被射中的不是空海，而是地藏王菩薩！地藏王菩薩知空海有此一劫，願代空海承受，故化身空海出現在守敏眼前。

東寺守門弟子發現不對勁，立刻上前揪出埋伏在角落的守敏。而中箭的地藏王菩薩，則就此倒地不起，壯烈犧牲。

這尊地藏王菩薩迄今仍存在於羅城門跡附近，信眾尊稱為「矢取地藏」，供奉至今。

接連使出卑鄙手段的守敏，原本就受到眾人唾棄，又加上一條暗殺空海之罪名，聲望完全跌到谷底，再也無法翻身，也重挫西寺聲勢。西寺自此冷清衰敗，最終完全消失蹤影。

舉行祈雨儀式的神泉苑、大獲全勝的空海所主持的東寺、挨了守敏一箭的「矢取地藏」。來一趟京都，便能一網打盡這所有精采歷史現場。這就是京都獨有的強大。第一章提過，京都具備一股「看不見的力量」，而能將一些非實存的事物具象化，讓人們透過感官去認識或體驗。上述這些歷史現場正是最佳證明。

不過，現在這個時代還說什麼祈雨，恐怕會笑掉人家大牙。當然，如今神泉苑也不再舉行這種儀式，然而，您來一趟神泉苑，漫步於水池上那座橋，祈雨對決的名場面、龍神變身為大蛇後直衝天際，都能清晰浮現眼前。漫步於京都，處處能感到歷史的浪漫，真是不可思議的一股力量。

仔細想想：無論多厲害的法師、多虔誠的祈求，也不可能突然下起傾盆大雨吧？就算是現代氣象專業人員，若無天氣圖上的氣壓資料及雨雲雷達，也不可能精準預測下雨時間。除非這些法師高僧暗自備齊天氣資料，再對外做一齣祈雨表演，或許還能騙過世人。問題是那個年代，理論上是做不到的吧……真要這樣說，當然是無法反駁。只是，這麼較真地講一堆你我皆知的事實，豈不是太不解風情？

祇園祭原是除厄祈願之祭典

話題拉回祇園祭。

作為京都最重要的祭典，祇園祭劃破了盛夏燠暑的沉悶，為京都增添不少精采。這個祭典的起源，可追溯至九世紀後半。

這是發生在貞觀年間的事，大約西元八五九年到八七七年間，整座平安京正苦於大規模瘟疫流行，嚴重程度遠超出目前的新冠疫情。瘟疫蔓延全日本，堪稱全國級重大緊急事態。當時平安京乃是天皇腳下，國之首都，每天大量外地人進出於此，導致整個平安京感染人數遽增。就像今天的東京都，確診人數居高不下，而且遠遠高過其他地區。

貞觀那幾年實在是禍不單行。不只瘟疫，其他重大天災接二連三襲來：貞觀大地震、富士山和開聞岳火山爆發、應天門祝融之災等。根據史料，當時整個日本陷入空前大混亂，人心惶惶，不可終日。

面對宛如受到詛咒般的混亂局勢，朝廷也想做些什麼安定人心，那個年代能做的也只是向神明祈願，聊勝於無，於是朝廷依例在神泉苑舉辦儀式，向神明祈求疫病退散。當時全日本有六十六國，神泉苑內插立六十六根鉾，代表全日本。

這場除厄祈願祭典，正是祇園祭的起源。

不過，想要退散疫病，可不能插起鉾就算了事。朝廷辦完除厄祭典，民間還有一場稱為「祇園御靈會」的祭神遊行，人們扛著祇園社的神轎，繞行平安京大馬路。從記錄上來看，之後每當平安京遭受嚴重疫病威脅，在地人便會舉辦祇園御靈會祭神遊行。可見當時人們認為祭神遊行還是有一定的效果。

之後祇園御靈會發展得更加完備，不僅年年舉辦外，也有越來越多人加入祭典行列。到南北朝時代，已經發展出「山鉾巡行」。祇園祭就是從此時開始定型，一路傳承至今。

祇園祭期間，人們會向神社祈求「粽（ちまき）」這種象徵除厄之物。此粽並非食物，是由竹葉編製，掛於玄關以求平安的吉祥物。關於粽，有這麼一段有趣軼話。

古早以前，有一位名為「巨旦將來」的男人。某日，牛頭大王化身旅人來到他家想借宿一晚。牛頭大王的真實身分，其實是祇園社的主祭神，有一種說法認為，祂就是日本神話中的赫赫有名的須佐之男命。

巨旦家境富裕，但為人小氣苛刻，斷然拒絕牛頭大王的請求，假稱家中貧困，無力負擔旅人食宿，請牛頭大王自求多福。

牛頭大王無奈，只好轉去附近另一戶人家碰碰運氣，另一戶主人名為「蘇民將來」，是巨旦的哥哥。兄弟倆呈現強烈對比，蘇民家境清寒，卻心善又好客，爽快答應了牛頭大王的請求，拿出家中僅有的一點好東西，大方招待眼前這位旅人。

每位神明都是各司其職，而牛頭大王具體管轄項目是什麼，細節並不清楚，但推測應該與懲奸除惡、保護弱小有關。對於說謊的巨旦，祂給予懲罰；對於熱情款待旅人的蘇民，則給予了重賞。

重賞什麼呢？其實也不是什麼金銀財寶。牛頭大王只不過給了蘇民一張符紙，上面寫著「蘇民將來子孫也」七個漢字。請別小看了這張符紙！將這張符紙貼在「粽」之上，掛於門口或玄關，並自稱是蘇民後世子孫之人，將可免於罹患疫病，並終生遠離災厄。消息傳開後，許多京都人依樣畫葫蘆，並自稱蘇民後世的子孫。或許這樣有些狡猾，但搞不好真的發生了一定功效。因為直到今天，京都人仍會在家門口或玄關掛著貼有這張符紙的「粽」。這張符紙上所寫的，仍是與千年前一樣的「蘇民將來子孫也」七個大字。

祇園祭期間最吸引人們目光的，肯定是山鉾巡行或宵山等行事活動。但大家沉浸在祭典的歡欣熱鬧之餘，千萬別忘記這場祭典的初衷，是為了向神明祈求疫病退散、除厄保平安啊。

由於新冠疫情影響，全日本許多祭典都延期或中止，祇園祭也無法倖免於一系列管制措施，中止了山鉾巡行及宵山等行事活動。儘管如此，向神明祈禱的儀式卻是不能中止的。令和二年的祇園祭，即使最吸引觀光客目光的行事活動都看不到了，但京都人仍堅持，向神明祈禱疫病退散的儀式絕不可停。因為這個祈禱儀式雖未必是觀光客最愛，卻是祇園祭核心精神，也是千餘年前這個祭典出現的主要原因。

即使第二波、第三波疫情相繼襲來，京都確診者人數卻相對少得多，而這段期間內，祇園社，也就是今日「八坂神社」祈禱儀式仍一如往常舉行。或許兩者間有著眾人看不見的因果，對投身於祭典的人而言，為維繫傳統而努力的同時，也對這場抗疫聖戰做出了貢獻，真是件驕傲無比的事。

借力使力，以抗瘟疫——手水舍誕生始末

當年的瘟疫流行讓京都成為人間煉獄，因此通過祈禱儀式祈求疫病退散，而這些儀式最終發展成名聞遐邇的祭典活動，為觀光業賺進大把鈔票。顯見京都這座城市，相當擅長於化危機為轉機。就算不慎跌了一跤，也趁機在地上摸幾個銅板。爬來起後，手中居然還抓了一把鈔票。

所謂借力使力。這次新冠疫情，京都再度秀了一手讓世人拍案叫絕。借什麼力、又使了什麼力？這要從「手水舍」說起。

到神社或佛寺參拜，首先必須經過的就是這個手水舍。世人皆知，此處乃為洗淨雙手掬水漱口，以洗滌身上之邪氣。但大多數人不知道，其實古早年代最初設置手水舍的目的，就是為了對抗瘟疫蔓延。

時值約西元三世紀後半。當時日本發生全國性瘟疫，崇神天皇——這是目前史家公認最早的一位實存天皇——眼見傳染日益擴大而且沒有任何消停跡象，感到痛心疾首。後來他開始注意到，要遏制瘟疫的擴大，得從洗手這件事做起。舉國上下厲行洗手，應該就能將瘟疫控制下來，無奈當時多數人並沒有洗手的習慣。

崇神天皇想到一個對策：他命人廣設手水舍，設置地點就選在那些人多且集中的地方，特別是神社及佛寺非設不可。

天皇詔令，全日本各地寺社立刻設置手水舍。

但光有硬體恐怕仍功虧一簣。崇神天皇最厲害的一手，就是連洗手的時機與方式都一併規定好，軟硬兼備。不愧是偉大的統治者。

首先，右手持木杓舀水、洗淨自己的左手，再以乾淨的左手重複相同動作洗淨右手。接下來，用乾淨的右手持杓舀水、倒在左手之上。左手所盛之水則用以漱口。如此一來，木杓不會直接與參拜者嘴巴接觸，堪稱相當縝密周全的規劃。最後，再將木杓清洗乾淨，避免感染給下一位使用者。

令人驚訝的是，這套推廣至全日本的預防感染措施，在西元三世紀後半就已確立。時間拉回全球壟罩於新冠病毒威脅的今日，的確日本人確診數及死亡數在全世界而言可說非常低。這一切或許都得感謝崇神天皇，透過手水舍的設置，日本人自古即養成洗手及漱口習慣，才在防疫上創造如此亮眼佳績。

不過，手水舍除了預防感染，居然還能當作集客生財之道？這是怎麼回事？看來京都的復原力可真不是一般，還懂趁機賺一筆啊！

暗藏危機的「花手水」

方才提過，千餘年前設置手水舍初衷，就是要遏制瘟疫擴大。即便到今天，在防治疫情肆虐上，手水舍也發揮著一定效果。可是以現代科學觀點而言，正是這個手水舍，反而恐怕在無意間助長病毒傳播，增加擴大感染風險。

雖說沒有直接科學證據，但理論上而言，手水舍裡用來洗淨雙手的木杓本身，就是個導致人與人連結、增加感染風險的東西。此外，殘留於木杓裡的積水，正是病毒散播的最佳媒介。因此多數人認為，手水舍反倒正是個標準的感染源。

好吧，既然多數人這麼想，不如從善如流。於是幾乎所有寺社都決定，即日起禁止參拜客使用手水舍。只是如何禁止，可得研究一下。圍起封鎖線最簡單，但好像有點煞風景。倒是有人想到，不如將鮮花放滿手水舍的水池，參拜客看到這副景象，也就應該知道這是禁止使用的意思。

其實新冠疫情爆發前就有寺廟這樣做。當時寺裡年輕和尚或許是不清楚手水舍原本的意涵，單純覺得能吸引眾人目光就好，便取境內鮮花在水池內放好放滿，並稱之為花手水。照片一放到部落格果然引起話題，達到宣傳之效。

乍看下真的很美，卻忽略了一個大問題。學過插花的人就知道，花、葉、莖等處，無一不是細菌或微生物的宿體，不知情的人以花手水洗手漱口，別說是為做好自身清潔了，搞不好還因此染上其他疾病。如此一來，手水舍也就完全偏離原本立意，喪失功能性了。

所以說，因疫情考量而宣布停用手水舍，還是不錯的。否則一旦人們習慣了花手水，只顧著拍漂亮照片而誤解手水舍本意及功能，等於製造出另一個難以管控的風險源。但話說回來，花手水所帶來的美麗景象，也讓因疫情苦悶已久的人們，得到一個紓解壓力、調適身心的小確幸。如何抉擇，也是兩難。

撇開這些現實面不說，還是不得不讚嘆京都的寺廟真是有手段！明明已宣布禁用的手水舍，依舊拿來改成集客的生財工具。誇他們太會做生意，不知會不會太反諷。雖然身為京都人看見這樣的光景，心境頗複雜，但肯定的是，他們反骨的方式真是漂亮，滿滿的京都風啊！

京都的消災解禍力，源自「避鬼門」

自古以來，京都一直以嚴肅態度看待祈雨或除厄等儀式。即便在科學昌明的今日，仍不輕率將其視為古人迷信或時代玩笑。之所以對鬼神之事一直保有尊重，或許與京都人承傳至今的「避鬼門（鬼門除け）」這項習俗有關。也有人斥這項習俗為迷信，但必須了解的是，這正是京都消災解禍力的原動力。

什麼是鬼門？如字面上的意思，鬼所出入之門。光聽這解釋應該會被說是迷信吧。鬼神之說，有人相信，也有人嗤之以鼻，即便京都在地人也不例外。不過，主流想法仍對鬼門所在位置特別小心，時至今日，京都很多住家、商店、公司，依舊謹慎看待要避開所謂鬼門這件事，或在建築物空間規劃上，特別講究封閉鬼門所在的那塊空間。

鬼門，在方位學中即所謂丑寅方位。有種說法認為鬼既然長著牛角，穿著虎皮褲，所以擁有牛與虎的特徵。牛在方位上即是丑位，虎在方位上則是寅位，因此丑寅之位即是鬼之位，亦是鬼門所在。對於這說法，有人覺得是鬼扯一通，也有人聽完表示豁然開朗。京都大多數人，是站在理解並接受的立場。

丑寅這個方位，就是羅盤上的北東，既然鬼是從這方位來到人間，接下來的問題就是如何處理。

就以我個人經驗為例，當時用貸款蓋了目前居住的這間房子。算不上寬敞豪宅，也是一家和樂融融的好所在。只不過，記得建造當時，好幾次從設計師口中聽到「鬼門」這個詞，讓我略感詫異。

「這個位置就是鬼門喔，在這裡我打算鋪上白砂。」

「這裡是與鬼門相對的位置，一般都是把廁所蓋在這裡。」

從小就聽過長輩會提到鬼門、裏鬼門（也就是鬼門的相對位置，位於南西之門）之類的說法。雖然早就見怪不怪，但看到一位理工科出身的建築師，也會將鬼門納入空間規劃的考量，驚訝之餘，倒也覺得非常有趣。

鬼是不潔之物，生性討厭乾淨的地方，因此鬼門所在的北東這個位置，必須永保清潔。自古以來，京都的房子都忌諱在北東這位置建造廁所或廚房等需排水的設施。下次有機會看看京都人的屋子，十之八九符合這個特徵。而且，京都人不是只有家中才會講究鬼門位置，大凡所有建築物或設施的平面計畫圖，都特別在意北東與南西這兩個角落。

消災解禍力，連結了繁榮力

小時候，奶奶就曾教過我。在京都一旦迷路了，可以藉著確認方位來知道自己的位置。

「京都的房子啊，一般會在鬼門的位置栽種冬青或南天。冬青你知道吧？就是聖誕節時當作裝飾的葉子。葉子邊緣刺刺的，一看就知道囉。南天則是有著紅色果實的植物。對啦，放在慶祝用的紅豆飯上面做裝飾的，就是南天的葉子。你要好好記得喔！因為看到栽種這兩種植物的地方，就是鬼門的所在，也就是方位上的北東喔。」

京都的老奶奶真了不起，教導孩子辨方位認植物，還能扯到鬼的話題。這麼一來，孩子們自然聽得津津有味，想忘都難。比起其他植物，京都的孩子最早認識的，大概就是冬青及南天了。

冬青還不只葉子邊緣刺刺的，枝幹的部分也生有荊棘，據說可以讓鬼睜大眼睛，想閉都閉不上。南天的紅色果實則有除魔之效，拿來丟鬼的話，鬼就會抱頭鼠

竄。另外，在玩文字遊戲時，「南天」的日文（なんてん）可以連結到「難轉（なんをてんじる）」，有災難轉向、遠離之意，這些都是讓京都人喜歡在鬼門位置栽種冬青或南天的原因。

京都的中心地帶，也就是一般所稱洛中，幾乎家家戶戶都會為了避鬼門，而在北東的位置栽種冬青或南天。郊區新興住宅區或許較少看得到這景象，但在洛中市街的住家對這方面非常講究，即便到了二十一世紀的今天，大約每五戶就有一戶會栽種冬青或南天。

京都的孩子用冬青及南天就能找到鬼門，從鬼門的方位就能知道自己所在位置，迷路的話至少還能找到方向。這樣的便利，其實還得歸功於京都市的棋盤式布局。

當年平安京在建造時，就是模仿中國長安城市規劃，成為縱向與橫向道路相互垂直的棋盤式布局，如此給京都帶來很多好處。要知道，一個城市之所以繁榮，關鍵就在於人們願意頻繁往來。由於整座城市呈現棋盤式布局，人們很容易能知道自己的位置，因此也較願意頻繁地移動、密切往來。商業活動則因人們的密切往來而更加繁盛。另外，城市中的小孩也不至於動輒迷路，因此可以跑遠一點兒去幫大人辦事。

為了讓孩子們更容易掌握整座城市的布局，有一首兒歌應運而生。幾乎所有京都兒童都能琅琅上口。

♪丸竹夷二押御池　姉三六角蛸錦　四綾仏高松万五条

（丸太町通↓竹屋町通↓夷川通↓二条通↓押小路通↓御池通）

（姉小路通↓三条通↓六角通↓蛸藥師通↓錦小路通）

（四条通↓綾小路通↓仏光寺通↓高辻通↓松原通↓万寿寺通↓五条通）

相信有些讀者也聽過這首兒歌。京都孩子在上小學前，都能將這首兒歌倒背如流，覺得迷路了隨時哼個一段，立刻能找到方位。

因為這首兒歌的內容，是將東西橫向的道路，依序從丸太町通開始一路往南，排到五条通為止，涵蓋了幾乎整個市中心的範圍。京都北邊地勢較高，一路緩緩往南延伸下去，因此由北到南的布局相對好記，也容易做區分。

以鬼門判別方位，加上這首兒歌裡由北而南的路名，讓京都的孩子們再也不用擔心會迷路。如此一來，孩子們也變得比較敢出門。不論是神社佛寺或是商店哪裡都敢去，也較容易增廣見聞。

其實所謂鬼門，不過是一種象徵性說法。古人把降臨在自己身上的所有災厄都統稱為鬼。因此，若將鬼門代換成「禍門」也行。不論避鬼門或避禍門，這股消災解禍力最後所帶來的，便是整座城市的繁榮昌盛。

京都人的「懷疑力」

第三波新冠疫情襲來時，地方報紙《京都新聞》刊登了一則有趣的報導，標題就叫「為何京都確診案例較少」。

這則報導登出來不久前，關西的地方性電視台就已經製播過新聞專輯，探討這個話題。與大阪或兵庫相比，京都確診者人數就是比較少。這個事實確實令人感到不可思議，也不知為什麼，每天公布的新增感染病例中，大阪或兵庫都是三位數，京都卻總能固定在兩位數。

那陣子正值政府推廣「GoTo 旅行」等一系列振興景氣方案，月曆上又出現了幾次三連休，造就一股報復性出遊人潮。每次三連休，都有非常多旅客造訪京都，而且一來就住好幾天。原本因為疫情肆虐，京都各大風景名勝區總顯得冷冷清清，但這波報復性出遊旅客人數，實在比往年同一時期多太多，不論到哪裡都是萬頭攢動。保持社交距離，避免近距離接觸等宣傳口號，壓根兒沒人記得。

任何人看到這景象，大概都覺得京都慘了。這麼多旅客來自疫情重災區的東京，連假完京都出現的確診人數，肯定速追上東京。

但就是這麼怪。新冠病毒潛伏期最長可達二週左右，從那個超多人擠爆京都的三連休起算，兩週早就過了，京都每日確診人數依舊停留在五十人左右。

奇怪到媒體也注意到這個現象，《京都新聞》所刊登的報導，就在這樣的背景下出現。不過這則報導只點出問題，並未追蹤出答案。以致多數京都人依舊覺得不合理。

接下來發生的事，真的是非常典型的京都風，大概也只有在京都，才會有這般發展。話說，這則報導所提到的現象，激起了京都人很大的回響，而且絕大多數都是站在懷疑及不信任的立場。

「不可能這樣啦！這種數字擺明了就是在蓋牌！」

「一定是刻意壓低了採檢的母數！」

「這年頭任誰都不可信呀！」

聽到的盡是懷疑。而且懷疑的聲音不只來自讀者的匿名發表，連京都市議會的市政質詢場面也聽得到。

「最近市民間流傳一種聲音，質疑政府根本沒有落實防疫篩檢。」

《京都新聞》隔日立即專文介紹這些質疑聲音的來龍去脈，並刊登一則代表政府回覆的報導，標題就叫「絕無隱藏確診人數」。

呵呵！怎麼看都覺得這種事只會發生在京都。

若是其他府縣的人，聽到自己所在的地區確診人數較少，肯定認為這般亮眼的成績是上下齊心抗疫的結果，引以為豪。但京都人就是傾向懷疑眼前的一切，尤其不會將官方或權威性說法照單全收。這或許稱不上是反骨精神，而是京都人對所有事物都偏向冷靜以對，先是懷疑，繼以觀察及思考，最後才下結論。這樣的處事態度，也是催生出京都力的關鍵之一。

事後看來，京都人的懷疑是正確的。

無論有什麼神明加持，練就何等神功護體，從其他地方燒起來的燎原烈火，遲早會蔓延到京都。

不出所料，令和二年的歲末之際，原本已停歇一陣子的疫情，再度爆發第三波感染高峰期。這一次，京都再也無法獨善其身，確診者每日創新高。

在這一波感染高峰期，東京、大阪、愛知等地確診人數，都是連日處於三位數的水平。京都因長時間保持在兩位數的確診人數，外界普遍認知是京都疫情較為緩和，但第三波高峰期一到，京都也很乾脆地舉白旗投降，數度出現三位數確診人數。

每天確診人數如滾雪球般遽增，新聞報導播出來的數字教人難以置信，連帶地，京都人所談論的話題變成了這樣：

「果然跟我想的一樣嘛！京都又不是環繞著什麼銅牆鐵壁。每天那麼多人往返於京都與大阪之間，能獨善其身才有鬼。」

「真的！府縣邊境又沒有全面封鎖，到處都是人來人往的呀。京都之前確診數較少只是感染速度比較慢而已，很快就會追上別的地方啦。」

一副事不關己的態度聊切身之事，也是京都人看家本領。當然也可以這麼說：京都人最大的特色，就是冷靜。

這話題就先聊到這兒吧。剛剛兩人的對話中，提到了邊境及牆壁。接著讓我們來關注一下，傳說中京都的「圍牆」。

「御土居」這道牆

各位知道，京都曾有一道名為「御土居」的城牆嗎？

天正十九年，統一全日本的豐臣秀吉，沿著京都市街的外圍，築了一條長長的土壘（夯土製的護堤），名為「御土居」。

雖然是四百年前所築的建築物，但直至今天，京都很多地方仍看得到其遺跡。不，應該不能說是遺跡，因為有些地方還完整保留了它的原貌。例如北野天滿宮附近的「平野御土居」，迄今仍保留著過往樣貌，彷彿這四百餘年光陰全都停留在這裡，未曾流逝。推薦各位讀者有機會務必前往一覽。

據說，御土居總長達到二十二公里以上，北起鷹峰，西至紙屋川，南抵九條，東到鴨川。在當時，這樣就將絕大部分的京都市街給包圍起來。上窄下寬的土壘，並附有護城河，雖然嚴格說來這並不是真正的城牆，但卻足以發揮宛如城牆般的作用。

御土居還設有出入口，一共七個，統稱為「京之七口」。現在七口均已不復見，僅於地名中約略見其痕跡，較為人所知的，例如鞍馬口或粟田口等。

御土居看似工程浩大，實則僅花三個月左右的工期便完成。但是，急著在這麼短的工期內完工，究竟為何呢？由於工程發起人豐臣秀吉，完全沒提到他為什麼要建造御土居，也沒說明為什麼這麼急著完工，因此留給後世各種的臆測空間與假說。

試舉幾個較著名的假說：例如防衛說，認為是為了防範外敵入侵所築；再如治水說，認為是為了防止河水氾濫所築；還有境界說，認為是為了區隔洛中與洛外。但無論哪一說，均未成為定說。

土壘高度雖然在最高達到三十六公尺，但最低處居然只有三公尺。這般高度的土壘要用來防止外敵入侵，怎麼看都覺得不大實際。至於防止河水或洪水氾濫，就更令人感到匪夷所思，因為歷史上成功用城牆抵擋洪水的例子相當罕見。

為了區隔洛中與洛外而興建的說法，其實也稍欠說服力。這種說法認為，京都長期飽受戰亂，百廢待舉。為了重建整座城市，必須先集中火力於精華區，所以才有區隔洛中與洛外的必要。不過此說最大的問題，在於御土居圈進的範圍過於狹小，若真要重建京都，所應規劃的範圍肯定不只這樣。

儘管如此，它的作用肯定是為了防衛京都，抵禦某些事物。若非如此，就無法解釋有何必要在京都最冷的一到三月間，急忙趕工完成。

那麼，究竟要抵禦什麼事物呢？既然不大可能是外敵與水患，有無可能是肉眼看不見的威脅呢？換句話說，興建目的，會不會是為了阻隔如瘟疫之類、具有傳播性的天然災害，以保衛洛中的人口精華區呢？

天正時代是個戰火頻仍的亂世，除了人禍之外，地震或火災之類的大型天災也接二連三地襲向京都，而導致生靈塗炭的諸多因素中，瘟疫的流行也是其中之一。

特別在天正十年，發生了「本能寺之變」。這是堪稱改變日本命運的重大歷史事件，而事變發生地點就在京都。以當時而言，本能寺之變都過了那麼多年，京都依舊人心惶惶，就連當時最高統治者豐臣秀吉也不例外。就算撐過了夠糟的一天，仍會擔心明天是否更糟。長期處於恐懼不安狀態下的秀吉，於是下令興建御土居，以保衛整個京都，應該也是非常合理的結論。不過這一切都沒有史料佐證，上述所言不過是推測。

其實，我現在一邊推測一邊寫作所使用的這張書桌，其正下方就是四百年前御土居所經之處。還有，我以前就讀的加茂川中學校，也緊鄰著御土居部分遺構。看來，御土居與我之間真的存在著不可思議的緣分，能與它如此近距離地接觸，也總讓我產生一股安心感。

所謂「符紙」（お札）不過就是寫些字，蓋了印章的一張紙。但放進布袋中，就變成可為人們帶來安心感的御守。同樣的道理，御土居說穿了就是一條長長的土壘罷了，但賦予「御土居」這個名稱後，就成為讓京都人安心過日子的保證，可謂守護洛中的御守。從這方面去思考的話，很多歷史的謎團也似乎突然清晰了起來。

三不五時就發生天災人禍的京都，當然需要一個御守。只是，這個御守不是掛起來就沒事了，而是要真的能守護整座城市才行。

京都人看似冷靜，喜歡用一副事不關己的態度來聊切身之事，但其實內心絕不像外表看起來那般踏實。不只瘟疫，戰亂及大火也沒少過，京都歷史就是一部災難史啊！頻仍的災難，總讓人覺得京都倖存至今是個奇蹟，而每次災難後的倖存經驗，也刷進京都人的DNA中，成為日益堅韌的力量，得以從容應對下一次的災難。

大難臨頭之際，人們才不管是佛祖或神明，能求的都想去求。於是京都的佛寺與神社隨處可見，多如繁星。

每當大災難徵兆出現於天地之間，人們第一個想到的就是向神佛祈禱了。這方面的軼話大量出現在京都這座城市裡，這裡有什麼典故、那裏有什麼名人事蹟，在在成為觀光重點項目。

京都的復原力——天明大火後的迅速復興

京都成功應對無數次天災人禍，背後存在一股看不見也摸不著的力量，就是京都的復原力。

天災人禍，主要是瘟疫、戰亂、大火。這三項災難，屢屢為京都帶來毀滅性打擊，不過京都總能強悍地挺過去，還越挫越勇。災難結束後，更以驚人速度完成都市復興和重建。

事實上，比起災害發生當下的救援，災後復興重建更是花費無數人力及物力。我們這輩人經歷過阪神・淡路大震災和東日本大震災，極有深切體悟。

復興重建所耗費的可不只有人力物力，更需要時間，然而京都歷來在復興重建上所展現的速度，可謂舉世罕見。當時人目睹這般迅速復興及重建，不禁驚嘆連連，古人有記錄為證。

距今最近一次，是江戶時代的天明大火。這場發生在一七八八年一月的大火，幾乎將整個京都化成一片火海。同年十月所發行的《紅花業都咄》這本書裡，詳細記載了火災發生經過及災後慘況。

據其所載，起火點似乎是在橫跨鴨川的團栗橋附近民家，那時節，北風相當強勁，火勢迅速向南延燒，一路燒下去，居然連東寺都燒起來了。實際走一遭，搞清楚兩地距離後，就能體會這段紀錄字裡行間的恐怖。而且大火可不是燒到東寺就停了，火勢繼續往四面八方流竄蔓延，竟使天皇所在御所及將軍家的二條城雙雙化為灰燼。若以今日京都地圖，對照當時紀錄上所載祝融肆虐的區域，就會發現整個京都市中心，幾乎被燒個一乾二淨。

僅憑文字紀錄，便能感受其所勾勒景象堪稱人間煉獄，閱讀後，直覺根本就是阪神．淡路大震災及東日本大震災發生後的景象。還記得當時目睹的災難現場——大樓倒塌，海嘯吞噬了一切會動的事物。想到不知何年何月方能回復往日的榮景，心中無比絕望沮喪。若說二十一世紀的今天依舊得要耗費無數時光方能復興，那兩百多年前的當時又該如何？

然而資料顯示，當時的京都只花了兩個月左右的時間，就迅速蓋起了間足以安置災民的小屋！真是令人瞠目結舌的復原速度啊！

這個紀錄還相當具權威性，因為紀錄者是當時荷蘭東印度公司派駐在長崎的商館長范．里德（Van Reede）先生。

范．里德當時為了要前往江戶謁見將軍，在大火發生後第四天經過京都，成了災難現場目擊證人。想必當時的他，與目睹震災後的我一樣，心情是無比絕望沮喪。兩個月後，當他從江戶返回長崎，再度途經京都時，眼前的光景卻讓他瞠目結舌。

「真不敢相信我的眼睛！這麼短的時間內居然有辦法重建這麼多的房子。雖說大部分都是小屋，但已足以讓災民不再流離失所了。」

在他的日記上，寫著這麼一段話。

這就是京都的復原力。魔法般的力量啊！

正因為京都迅速重建了一間間小屋，災民才有了一塊安身之所，不再終日擔憂害怕，才能充滿幹勁地展開重建工作。

天明大火，畢竟是發生在距離文明開化一百多年前的災難，文明開化後的日本，近代工業才開始萌芽，天明年間可是手工業的時代。當范・里德睹這般迅速完成初步重建的京都，或許會以為日本人向來能得神風之助吧。

天明大火是兩百多年前的事了，時間再拉近一些，講個發生在大約一百年前，同樣關於復原力的故事。

當「京」不再是「都」

從江戶時代進入明治時代，整個日本經歷徹頭徹尾的改變，京都也不例外。除了巨大改變之外，京都還比其他府縣多領受了一份巨大衝擊，宛如從天國墜入地獄。

長年居處天皇腳下的京都，享有首都這份榮光已達千年之久。而今，天皇突然舉家搬離京都，這是所有京都人作夢都想不到的事。自遷都平安京以來，歷代天皇都是生於京都長於京都，正因如此，才使得京都人有著一股與生俱來的自傲。往後的天皇不再具有京都在地人的身分，則被留下的京都人，又要以什麼作為千年榮光的依歸呢？這個看似無解的大哉問，使得所有的京都在地人徬徨無助，沮喪至極。

面對千百年未有之大變局，以往不大信任權力與體制，總愛毒舌批評地方父母官的京都在地人，也開始與官方密切合作。官民一體，共赴國難。不對！是「都」難。

「沒有天皇的京都」，該展現何種面貌？具備何種氣質？這是擺在所有京都人眼前的嚴肅課題。大家都知道，不能老再拘泥於流傳千年的古老事物了，可是要納入什麼樣的新事物，才足以改頭換面，浴火重生呢？京都人莫衷一是，只能邊想邊做，邊做邊試。不知不覺，努力摸索的京都人走出了屬於他們的文明開化。

其中最具代表性的，就是先前曾提過的琵琶湖疏水。

琵琶湖疏水嘉惠於京都的，還真無法一一細數。這項工程不只保證了高品質的民生用水，其引入的豐沛水量，也潤澤了無數京都名園。京都人取水方便，有條件隨時灑水掃地，將街坊巷弄打掃得一塵不染，酷暑天還能在大馬路上潑水降溫。豐沛的水源流進哲學之道等地，水聲淙淙，療癒人心，安撫了無數因變局而焦慮不安的京都人。

豐沛水量也帶動水力發電，充足的電力，使京都有條件發展完善的路面電車網。便利的市營路面電車不只直接嘉惠於京都市民，也讓觀光客益發願意到京都旅遊，在發展成觀光都市的這條道路上，得以向前邁進一大步。

除了原本的佛教與神道教，京都也積極地向基督教招手，使其更容易在京都落地生根。各地興建中的教堂，將在不久後，成為京都新一批的名勝，吸引到更多的觀光人潮。

美食亦然。京都人從很早以前，就開始接納外國飲食文化，而且關注的焦點不只一般熟知的法式或義式料理，京都人將洋食在地化，活用所謂的「京都意象」，從而為京都的洋食文化打造出新的內涵與面貌。中華料理也呈現相同的發展模式，正如「京都中華」這個詞所揭示，京都料理界很早就有意識地接納並發展中華料理之內涵，造就出更高水準的中華料理。

扯遠了，再回到琵琶湖疏水的話題。若要詳列明治維新後，京都所出現的特徵，就是不斷被創造出來的新建築與各種行事祭典。

從器物或工程面而言，第一名就是琵琶湖疏水；從文化面而言，則第一名就是「平安神宮」與「時代祭」，前者是京都頗具代表性的神社，後者則是京都三大祭之一。此兩者出現的時間，迄今不過一百年左右而已。

也就是說，京都僅花了百年左右便完成初步復興。就算天皇移居至東京，京都還是有辦法，進化成一座讓住在東京的人憧憬不已的現代城市。

憧憬京都的，不只東京，全日本甚至全世界，有太多人都將京都當成他們畢生的目標，若有機會一定要親自前來朝聖一番。他們想朝聖的，並不是當年那個位處天皇腳下的老京都，而是集日本傳統文化之大成的現代京都。

而今，面對新冠病毒所導致的嚴重疫情，京都會以何種方式，經由何種程序，再度發揮她最擅長的復原力，頗值得吾人持續觀察與追蹤。不過，倒是已經出現一個有趣的現象。

新冠疫情的肆虐，固然帶給京都沉痛的打擊，不過換個角度思考，疫情爆發前的京都，原本因「觀光客超載」所帶來之諸多亂象而無法喘息，豈料現在讓京都得以休養生息的，不是人為管制措施，而是新冠病毒所帶來的恐懼感。雖然這麼說很容易讓人誤解，但似乎只能說「多虧了」新冠病毒的出現，才讓京都取回了原本屬於她的平靜。

若不是突然殺出這場天怒人怨的疫情，京都恐怕終將成為風華盡失的寂寥之都吧——街道上旅宿林立，民宿滲入社區，不分晝夜人聲鼎沸，看似繁華富庶，卻讓人再也無法找到流連忘返的理由。

原本京都所追求的是觀光至上主義，卻不知不覺間墮落成拜金主義。若從這個面向去思考，這場新冠疫情，或許還有淨化城市之效，對京都而言，百害中尚有一利。

歷史上的瘟疫、大火或戰亂，屢屢帶給人們慘重損失，我們不該漠視受難者的犧牲。為了讓他們的犧牲有其代價，不能只是力求克服眼前的災難，而是總結從災厄中重新站起來的各種智慧，傳承後人，做為他們安身立命的依據。

這次新冠疫情，就帶來了一個讓吾人親身力行的好機會。京都人若能從過往的經驗歸納出復興之道，進而示範於世人眼前，則京都力必將日益強韌，最終成為京都人最引以為傲的一項資產。

京都力揭祕

作　者｜柏井壽
主　編｜尹筱嵐
翻　譯｜游翔皓
校　對｜曹仲堯、尹筱嵐
版型設計｜曾晏詩
內頁排版｜曾晏詩
封面設計｜蕭旭芳
行銷企劃｜陳品萱

國家圖書館出版品預行編目 (CIP) 資料

京都力揭祕 / 柏井壽著 ; 游翔皓翻譯 -- 初版 .
-- 臺北市 : 日月文化 , 2022.03
面 ;　公分 .
譯自 : 京都力 : 人を魅了する力の正体
ISBN 978-626-7089-35-4 (平裝)

1. 人文地理 2. 歷史 3. 日本京都市
731.752185　　111001184

發 行 人｜洪祺祥
副總經理｜洪偉傑
副總編輯｜曹仲堯
法律顧問｜建大法律事務所
財務顧問｜高威會計師事務所
出　版｜日月文化出版股份有限公司
製　作｜EZ叢書館
地　址｜台北市信義路三段151號8樓
電　話｜(02)2708-5509
傳　真｜(02)2708-6157
客服信箱｜service@heliopolis.com.tw
網　址｜www.heliopolis.com.tw
郵撥帳號｜19716071 日月文化出版股份有限公司

總 經 銷｜聯合發行股份有限公司
電　話｜(02)2917-8022
傳　真｜(02)2915-7212
印　刷｜中原造像股份有限公司
初　版｜2022年3月
定　價｜350元
I S B N｜978-626-7089-35-4

First original Japanese edition published by PHP Institute, Inc., Japan.
Traditional Chinese translation rights arranged with PHP Institute, Inc.
through AMANN CO,. LTD